Maria Tittes

Was hilft gegen den Fachkräftemangel in der Altenpflege?

Ursachen und Maßnahmen gegen das schlechte Image der Pflegebranche

Bibliografische Information der Deutschen Nationalbibliothek:

Die Deutsche Nationalbibliothek verzeichnet diese Publikation in der Deutschen Nationalbibliografie; detaillierte bibliografische Daten sind im Internet über http://dnb.d-nb.de abrufbar.

Impressum:

Copyright © Social Plus 2020

Ein Imprint der GRIN Publishing GmbH, München

Druck und Bindung: Books on Demand GmbH, Norderstedt, Germany

Covergestaltung: GRIN Publishing GmbH

Abstract

Die vorliegende Arbeit beschäftigt sich mit dem komplexen Thema des Fachkräftemangels im Bereich der Altenpflege in Deutschland. Zu Beginn wird ein Überblick über die sich ändernde Anzahl der Pflegebedürftigen in Deutschland sowie der Personalentwicklung in der Altenpflege, gegeben. Aus der festzustellenden Diskrepanz zwischen der Anzahl der Pflegebedürftigen und den vorhandenen Altenpflegekräften lässt sich ein Fachkräftemangel in der Altenpflegebranche ableiten. Zahlreichen Prognosen zufolge wird sich dieser in Zukunft weiter verschärfen. Als zentrales Thema der Arbeit wird im vierten Kapitel der Frage nachgegangen, welche Ursachen konkret dieses Missverhältnis zwischen der Anzahl von Pflegepersonal und den zu Pflegenden bedingen. Beispielsweise ziehen das schlechte Image des Altenpflegeberufes sowie unzureichende Arbeits- und Rahmenbedingungen der Pflegearbeit, Folgen wie den Berufsausstieg von Pflegekräften oder der Abwanderung von Fachpersonal ins Ausland nach sich. Die demographische Entwicklung Deutschlands begünstigt den Fachkräftemangel zusätzlich. Abschließend wird eine Auswahl an allgemeinen und speziellen Maßnahmen vorgestellt, mit welchen dem Fachkräftemangel begegnet werden kann.

Die Arbeit wurde auf Grundlage von Recherche und Auswertung geeigneter Fachliteratur erstellt. Die aktuelle Relevanz des Themas ist insofern gegeben, als dass der sich zuspitzende Fachkräftemangel in der Pflegebranche eine schnelle Intervention, durch geeignete Maßnahmen fordert, um dem vorherrschenden Notstand entgegenwirken zu können. Dazu ist es notwendig im Vorfeld entsprechende Ursachen für den Mangel an Fachkräften herauszuarbeiten, um zielführende Maßnahmen ableiten zu können.

Inhaltsverzeichnis

Abbildungsverzeichnis

Abkürzungsverzeichnis

AHG	Allgemeine Hospitalgesellschaft AG
AOK	Allgemeine Ortskrankenkasse
BGM	Betriebliches Gesundheitsmanagement
BGW	Berufsgenossenschaft für Gesundheitsdienst und Wohlfahrtspflege
BMG	Bundesministerium für Gesundheit
DAK	Deutscher Krankenversicherungsträger – ehemals: Deutsche Angestellten-Krankenkasse
DIHK	Deutscher Industrie- und Handelskammertag
FFG	Forschungsgesellschaft für Gerontologie e.V.
MDK	Medizinischer Dienst der Krankenversicherung
NEXT-Studie	nurses' early exit study
PSG II	Zweites Pflegestärkungsgesetz
SGB XI	Sozialgesetzbuch, Elftes Buch – Soziale Pflegeversicherun
WIdO	Wissenschaftliches Institut der AOK

1 Einleitung

„Ich liebe meinen Beruf!"

„...aber unter diesen Bedingungen habe ich keine Lust mehr zu pflegen."

(Jansen, 2011, S. 62)

Diese Art ‚Liebes'-Bekenntnisse dem Pflegeberuf gegenüber, relativiert durch das Wörtchen ‚aber', bekommt man zunehmend von den Angehörigen des Berufsfeldes der Pflege zu hören (vgl. Jansen, 2011, S. 62).

Als zentrale Motive für die Berufswahl bei Pflegekräften gelten die gesellschaftlichen Leitbilder der Pflege – nämlich der Wunsch zu helfen sowie der Wunsch mit Menschen zu arbeiten (vgl. Dunkel, 2005 zitiert nach Marrs, 2007, S. 504). Häufig stimmt jedoch das in der Ausbildung gewonnene Bild des Pflegeberufes nicht mit den tatsächlich herrschenden Bedingungen in der Pflegearbeit überein. Dies bewegt vor allem jüngere Fachkräfte zum vorzeitigen Berufssaustieg. Aufgrund der hohen Berufsabbruchrate der Beschäftigten im Pflegebereich, liegt die durchschnittliche Berufsverweildauer von Pflegekräften bei lediglich 8,4 Jahren (vgl. Hackmann, 2009, S. 19 f.).

Der Verschiebung der Altersstruktur in Deutschland geschuldet, hin zu einer immer älter werdenden Bevölkerung (vgl. Lehr, 2007, S. 3), erhöht sich in Zukunft, um die Versorgung aller Pflegebedürftigen zu gewährleisten, der Bedarf an Pflegepersonal. Laut Angaben des Bundesministeriums für Gesundheit sind bereits derzeit nicht ausreichend Pflegekräfte vorhanden um die offenen Stellen auf dem Arbeitsmarkt zu besetzen (vgl. Bundesministerium für Gesundheit, 2015d). Die Prognosen zur Personalentwicklung in der Pflegebranche deuten auf einen sich in Zukunft zuspitzenden Personalmangel im Pflegebereich hin. Dem Statistischen Bundesamt zu Folge, werden bereits 2025 über 150.000 Pflegekräfte in der Altenpflege, sowie in Krankenhäusern, fehlen (vgl. Statistisches Bundesamt Deutschland, 2010 zitiert nach Beske, 2011, S. 33).

Im Rahmen dieser Arbeit werden als zentrales Thema, die Ursachen welche den Fachkräftemangel begünstigen, ergründet. Es soll unter anderem herausgefunden werden, welche ‚Bedingungen' konkret mit der Aussage: „...aber unter diesen Bedingungen habe ich keine Lust mehr zu pflegen." (Jansen, 2011, S. 62) zu verstehen sind.

Scheinbar werden diese von den Altenpflegekräften als enorm belastend empfunden, dass sie es sogar vermögen den Pflegekräften die ‚Lust' an ihrer ‚geliebten' Arbeit nehmen. Der daraus möglicherweise resultierende Berufsausstieg der Pflegekräfte, kann den Fachkräftemangel begünstigen.

2 Pflegebedürftigkeit in Deutschland

Im hinführenden Kapitel wird der Begriff der Pflegebedürftigkeit anhand des § 14 Abs. 1 Sozialgesetzbuch, Elftes Buch (SGB XI) definiert und die Entwicklung des Pflegebedarfs im Allgemeinen in Deutschland dargestellt. Diese Arbeit befasst sich in den nächsten Kapiteln insbesondere mit der zu pflegenden Personengruppe, welche im Speziellen dem Bereich der Altenpflege zuzuordnen sind.

2.1 Gesetzliche Rahmenbedingungen

Als fünfte Säule der Sozialversicherung in Deutschland, wurde 1995/1996 das Pflegeversicherungsgesetz im Sozialgesetzbuch, Elftes Buch eingeführt. Es sollte die Rechte älterer Menschen stärken und zur Gewinnung professioneller Pflegekräfte beitragen. In erster Linie wird mit diesem Gesetz, der ambulanten Pflege Vorrang vor der stationären Altenpflege eingeräumt (vgl. Büssing u.a., 2001 zitiert nach Schweiger, 2011, S. 43). Die Pflegekassen, als Träger der Pflegeversicherung, sind den gesetzlichen und privaten Krankenversicherungen unterstellt; sie verwalten Gelder und genehmigen sozialstaatliche Leistungen, welche konkret in der Pflegeversicherung festgesetzt sind (vgl. Schweiger, 2011, S. 43).

Im § 14 Abs. 1 SGB XI wird der Begriff der Pflegebedürftigkeit wie folgt definiert:

> (1) Pflegebedürftig im Sinne dieses Buches sind Personen, die wegen einer körperlichen, geistigen oder seelischen Krankheit oder Behinderung für die gewöhnlichen und regelmäßig wiederkehrenden Verrichtungen im Ablauf des täglichen Lebens auf Dauer, voraussichtlich für mindestens sechs Monate, in erheblichem oder höherem Maße (§ 15) der Hilfe bedürfen. (Sozialgesetzbuch Elftes Buch, 2014, S. 1458)

Es gibt zahlreiche Gesetze und Regelungen die Pflegebedürftigen betreffend. Eines der jüngsten ist das Zweite Pflegestärkungsgesetz (PSG II), auf welches im Verlauf der Arbeit noch detaillierter eingegangen wird.

2.1.1 Feststellung der Pflegebedürftigkeit

Die Feststellung und Einordnung der Pflegebedürftigkeit einer Person, je nach Schweregrad, in drei verschiedene Pflegestufen der Pflegebedürftigkeit (gültig bis zur Umsetzung des neuen Pflegebedürftigkeitsbegriffs ab Januar 2017), erfolgt durch den Medizinischen Dienst der Krankenversicherung (MDK). Dabei werden die Aktivitäten Körperpflege, Nahrungsaufnahme und Mobilität der betroffenen Person, nicht aber soziale Aspekte, wie beispielsweise die Kommunikation, beurteilt. Durch die Pflegekassen, wird die Versorgung der Person, anhand der ermittelten Pflegestufe, mit Hilfe von Pflegesätzen, pauschal vergütet. Aufgrund der Nichtbeachtung von Aspekten nötiger sozialer Betreuung und Zuwendung, der ausschließlichen finanziellen Deckung pflegerischer Basisversorgung, ist eine klare Tendenz zu einer lediglichen Mindestversorgung von Pflegebedürftigen festzustellen (vgl. Schweiger, 2011, S. 43).

Diesem Missstand soll durch das Zweite Pflegestärkungsgesetz entgegengewirkt sowie die Versorgung von Pflegebedürftigen im Gesamten verbessert werden.

In dem am 1. Januar 2016 in Kraft getretenen Zweiten Pflegestärkungsgesetz, wurde der Begriff der Pflegebedürftigkeit neu definiert. Es gibt statt bisher drei Pflegestufen, aktuell fünf für alle Pflegebedürftigen einheitlich geltende Pflegegrade. Ziel des Gesetzes ist es unter anderem, dass im Rahmen der Einstufung körperliche, geistige und psychische Einschränkungen einbezogen werden. So wird für alle Pflegebedürftigen ein gleichberechtigter Zugang zu den Leistungen der Pflegeversicherung ermöglicht. Auch wurden in diesem Gesetz Änderungen vorgenommen, welche zu einer Verwaltungsvereinfachung führen und somit den bürokratischen Aufwand der Versicherten schmälern. Ab dem 1. Januar 2017 soll das neue Begutachtungsverfahren, sowie die Umstellung der Leistungsbeiträge der Pflegeversicherung umgesetzt werden. Um die Leistungsänderungen welche damit einhergehen finanzieren zu können, steigt zur gleichen Zeit der Beitrag der Pflegeversicherung um 0,2 Prozentpunkte (vgl. Bundesministerium für Gesundheit, 2015c).

Mit dem PSG II hat die Bundesregierung unter dem Blickwinkel der gerechteren Verteilung der Leistungen der Pflegeversicherung sowie der umfassenderen Versorgung Pflegebedürftiger einen großen Schritt auf diese zu getan.

2.2 Entwicklung der Anzahl von Pflegebedürftigen

Nachdem unter Punkt 2.1 der Begriff der Pflegebedürftigkeit erklärt wurde, wird im Folgenden auf die Entwicklung der Anzahl von Pflegebedürftigen in Deutschland eingegangen. Zu Beginn werden die demographischen Veränderungen der deutschen Bevölkerung betrachtet.

2.2.1 Die demographische Entwicklung in Deutschland

Für die Entwicklung einer Bevölkerung bestimmend, ist die Anzahl der Menschen, welche geboren werden und welche sterben. Die Verwendung der Bezeichnung ‚demographischer Wandel', statt demographische Entwicklung im öffentlichen Diskurs, deutet bereits an, dass es grundsätzliche Veränderungen in der Bevölkerungsentwicklung gibt (vgl. Beske, 2011, S. 19).

Die Altersstruktur in Deutschland ist von den Auswirkungen zweier Weltkriege, den ‚Baby-Boomer-Jahrgängen' von 1955 bis 1967, dem darauf folgenden ‚Pillenknick' und den seitdem niedrigen Geburtenzahlen geprägt. Seit 2015 gehen die ersten Personen der ‚Baby-Boomer-Generation' in den Ruhestand – was eine bedeutende Abnahme der versicherungspflichtigen Arbeitnehmerinnen und Arbeitnehmer und den Anstieg der Zahl der Rentnerinnen und Rentner zur Folge hat. Aufgrund der steigenden Lebenserwartung der Menschen in Deutschland kommt es in den nächsten Jahren, zusätzlich zu einer im Durchschnitt längeren Rentenbezugsdauer, zu einer Verlängerung des medizinischen und pflegerischen Betreuungsbedarfs der Personen. Trotz dem, dass die Bevölkerungszahl Deutschlands insgesamt abnehmen wird – im Zeitraum von 2009 bis 2060 von 82 Millionen auf 65 Millionen Menschen (vgl. Beske, 2011, S. 9) – werden die Gesundheitsleistungen und die durch sie verursachten Ausgaben steigen. Dies ist dem Umstand geschuldet, dass es mehr ältere Menschen mit hohem Versorgungsbedarf geben wird, welche einer geringeren Zahl beitragspflichtig Versicherter gegenüber stehen (vgl. Beske, Brix, Katalinic, Peters und Pritzkuleit, 2012b, S. 21).

Die folgende Abbildung 1 veranschaulicht die prognostizierte Entwicklung der Altersverteilung in Deutschland. Die Bevölkerungsstruktur, welche sich um 1960 noch pyramidenförmig darstellen ließ, verformt sich in Zukunft immer mehr hin zu einer sogenannten ‚Pilzform'. Die Altersstruktur verschiebt sich: Es wird immer mehr ältere und sehr alte Personen und weniger Kinder, Jugendliche und junge Erwachsene geben (vgl. Lehr, 2007, S. 3).

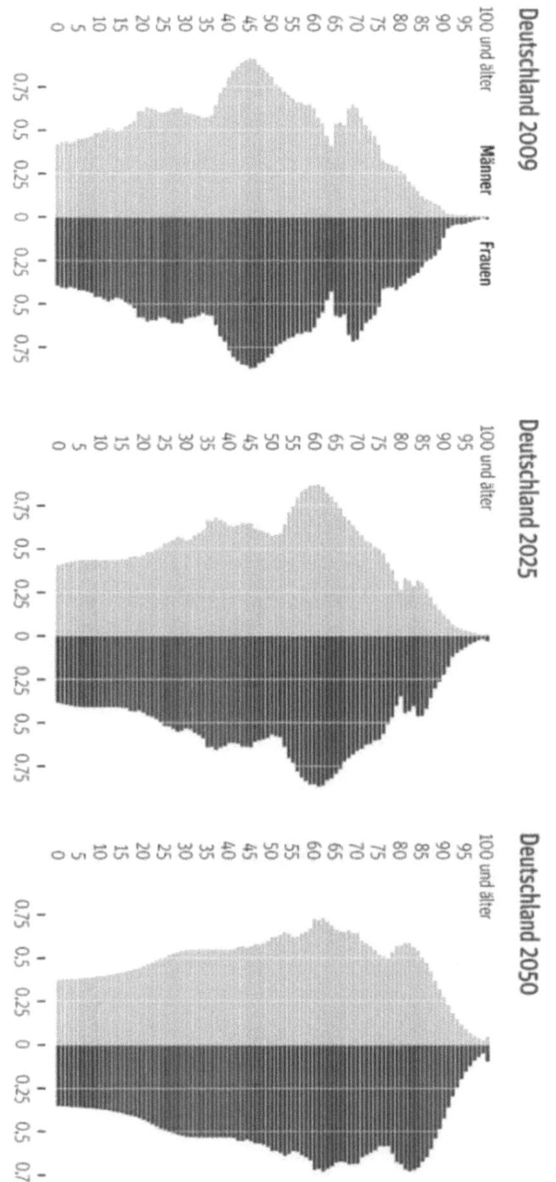

Abbildung 1: Entwicklung der Altersverteilung in Deutschland
Quelle: Lehr (2007, S. 3), auf Datengrundlage des Statistischen Bundesamtes

In einer immer älter werdenden Gesellschaft steigt die Zahl der pflegebedürftigen Menschen. Dies stellt eine große Herausforderung für die Gesellschaft dar, da es nicht nur zusätzlicher Pflegekräfte bedarf, sondern auch eine geeignete Infrastruktur bereitgestellt werden muss. Insgesamt stellt sich der Pflegebedarf heute regional differenziert dar, denn ostdeutsche Länder weisen eine höhere Pflegequote[1] als westdeutsche auf (vgl. Kochskämper und Pimpertz, 2015, S. 61).

Die vorliegende Abbildung 2 zeigt eine von Statista veröffentlichte Statistik, in welcher eine Prognose zur Entwicklung der Anzahl von Pflegebedürftigen in Deutschland, vom Jahr 2005 bis 2030 dargestellt ist. Insgesamt zeichnet sich ein Wachstum ab. Bis zum Jahr 2030 könnte die Zahl Pflegebedürftiger auf rund 3,4 Millionen Menschen ansteigen, was ausgegangen vom Jahr 2005 ein Anstieg um 1,3 Millionen Menschen wäre.

---

[1] „Die so genannte Pflegequote gibt Aufschluss darüber, wie viele Personen je 10 000 Einwohner als pflegebedürftig gelten." (Statistisches Landesamt Sachsen-Anhalt, 2015)

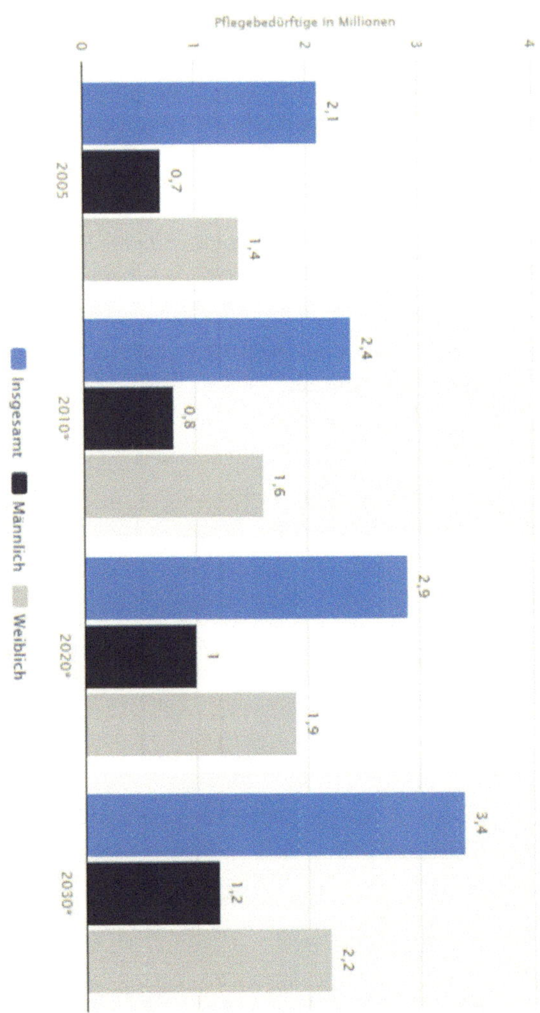

Abbildung 2: Entwicklung der Anzahl von Pflegebedürftigen in Deutschland
Quelle: Statista (2016b), auf Datengrundlage des Statistischen Bundesamtes

Um diesem drastischen Anstieg der Zahl der Pflegebedürftigen zu begegnen, stärkt das PSG II den Grundsatz: ‚Reha vor Pflege'. Durch vermehrte Angebote und Möglichkeiten Rehabilitationsmaßnahmen in Anspruch nehmen zu können, soll bei Menschen welche von Pflegebedürftigkeit bedroht sind, deren Eintritt in jene verhindert oder hinausgezögert werden (vgl. Bundesministerium für Gesundheit, 2015c).

Das PSG II ist zum einen ein Signal der Regierung, dass Handlungsbedarf besteht, zum anderen eine konkrete Maßnahme, mit welcher auf die Veränderungen des Pflegebedarfs in Deutschland reagiert wird. Inwiefern es dieses und andere Gesetze tatsächlich vermögen, den sich ändernden Bedingungen gerecht zu werden, bleibt abzuwarten.

2.2.2 Bedarf an Heimplätzen

Auf Grundlage der Pflegestatistik haben Beske, Brix, Katalinic, Peters und Pritzkuleit ermittelt, dass sich wegen des Anstiegs der Zahl pflegebedürftiger Personen, 2060 der Bedarf an Heimplätzen von 845.000 (Jahr 2009) auf 1.957.100 Plätze erhöht. Dies bedeutet einen Anstieg um 132 Prozent. 2040 werden bereits doppelt so viele Heimplätze wie 2009 benötigt, was einen Investitionsbedarf von 63 Milliarden Euro bis 2040 und insgesamt 97 Milliarden Euro bis 2060 bedeutet (vgl. Beske u.a., 2012b, S. 289).

Bundesweit müssen laut des Statistischen Bundesamtes (2011) bis zum Jahr 2030 allein 220.000 stationäre Dauerpflegeplätze zusätzlich zur Verfügung stehen, um dem Bedarf gerecht zu werden (vgl. Kochskämper u.a., 2015).

Aufgrund der in diesem Kapitel beschriebenen demographischen Einwicklungen in Deutschland und dem daraus folgendem Anstieg der Zahl der Pflegebedürftigen, lässt sich – wie bereits erwähnt – ein zukünftiger Mehrbedarf an Pflegepersonal ableiten. Die Personalentwicklung im Bereich der Altenpflege wird unter Punkt 3 genauer betrachtet.

3 Personalentwicklung in der Altenpflege

Die Prognosen der Personalentwicklung im Gesundheitswesen allgemein, aber auch speziell im Bereich der Altenpflege, sind insofern alarmierend, als dass sich in nicht allzu ferner Zukunft der Fachkräftemangel in dieser Branche weiter verschärft. Dies wird durch zahlreiche Untersuchungen, beispielsweise aufgrund der Erhebungen des Statistischen Bundesamtes, bestätigt.

Laut Angabe des Bundesministeriums für Gesundheit (BMG) fehlen bereits heute Fachkräfte in den Pflegeberufen. Die konkrete Anzahl der nicht besetzten Stellen ist jedoch unklar. Ein Hinweis auf die bestehenden Engpässe liefert die Tatsache, dass offene Stellen für Altenpflegekräfte im Durchschnitt 123 Tage (50 Prozent mehr gegenüber insgesamt) vakant sind. Auch lässt laut des BMG die Arbeitsmarktberichterstattung der Bundesagentur für Arbeit (Stand: Juni 2015), Rückschlüsse auf einen derzeit bestehenden Fachkräftemangel in der Altenpflegebranche zu (vgl. Bundesministerium für Gesundheit, 2015d).

Den Berechnungen von Beske u.a. (2012b, S. 283), stützend auf Daten des Statistischen Bundesamtes zufolge, wird sich der Pflegepersonalbedarf zwischen den Jahren 2009 und 2060 mehr als verdoppeln. Waren im Jahr 2009 noch 1,3 Prozent der Bevölkerung Deutschlands im erwerbsfähigen Alter in der Altenpflege tätig, so werden im Jahr 2060 4,3 Prozent benötigt (vgl. Beske u.a., 2012b, S. 283).

2025 werden, dem Statistischen Bundesamt zu Folge, bereits 152.000 Pflegekräfte in Krankenhäusern und der Altenpflege in Deutschland fehlen (vgl. Statistisches Bundesamt Deutschland, 2010 zitiert nach Beske, 2011, S. 33).

Da aufgrund der demographischen Entwicklungen in Deutschland die Zahl der Schulabgängerinnen und Schulabgänger und damit verbunden, die Zahl der Bewerberinnen und Bewerber um Ausbildungsplätze rückläufig ist, fehlen zukünftig qualifizierte Nachwuchskräfte. Im Jahr 2002 haben noch 60.000 Schülerinnen und Schüler mehr als im Jahr 2011 die allgemeinbildenden Schulen verlassen, wobei sich hier ein regionaler Unterschied feststellen lässt. Die ostdeutschen Bundesländer (einschließlich Berlin) haben einen weitaus höheren Rückgang der Schulabgängerinnen und Schulabgänger, als die westlichen Bundesländer zu verzeichnen. Zwischen 2002 und 2011 hat sich die Zahl von 230.000 auf 103.000 Personen mehr als halbiert, unter anderem aufgrund des Geburtenrückgangs nach dem Mauerfall (vgl. Stahl, 2013, S. 247 f.).

3.1 Zahl der Absolventinnen und Absolventen der Altenpflegeausbildung

In der folgenden Abbildung 3 ist ersichtlich, dass sich die Zahl der Absolventinnen und Absolventen der Ausbildung im Bereich der Altenpflege zwischen den Jahren 1996 und 2003 hauptsächlich zwischen 10.000 und 12.000 bewegte. Deutlich mehr Personen absolvierten in den Jahren 2004 bis 2007 die Ausbildung. Ab 2008 ist die Anzahl wieder rückläufig.

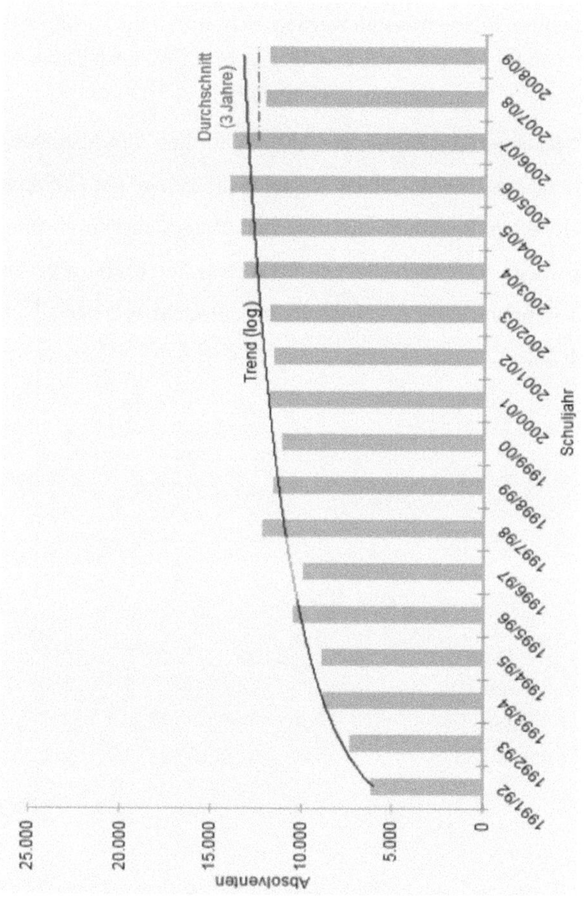

Abbildung 3: Absolventinnen und Absolventen der Altenpflegeausbildung
Quelle: Prognos AG (2012, S. 12), auf Datenbasis des Statistischen Bundesamtes 2006-2010

Laut einer Prognose auf Basis der Daten des Statistischen Bundesamtes (2006 bis 2010) soll sich die Zahl der Absolventinnen und Absolventen der Altenpflegeausbildung in den Jahrgängen bis 2030 auf dem Niveau der Mittelwerte aus den Jahrgängen 2007 bis 2009 bewegen. Dies ergibt eine Jahrgangstärke von circa 12.600 Personen und hält den vorhandenen Bestand der Altenpflegefachkräfte nur knapp (vgl. Prognos AG, 2012, S. 11).

Schlussfolgernd lässt sich feststellen, dass die heutige Anzahl der Pflegekräfte, einer immer größer werdenden Anzahl an Pflegebedürftigen gegenüberstehen wird. Die zukünftig anfallenden Pflegearbeiten werden nicht durch die (prognostizierte) vorhandene Anzahl von Pflegekräften zu bewältigen sein. Dies wird durch eine Studie der Prognos AG (siehe dazu Abbildung 4) bestätigt.

Abbildung 4 zeigt zum einen die Zahlen der Absolventinnen und Absolventen der Altenpflegeausbildung von 1992 bis 2010, wie auch die Menge der Fachkräfte von 2011 bis 2030, welche zur Bestandserhaltung der Altenpflegerinnen und Altenpfleger notwendig wären. Des Weiteren wird die Zahl der Fachkräfte, welche – wenn der Bestand konstant bliebe – zusätzlich gebraucht würden, dargestellt. Diese steigt jährlich an.

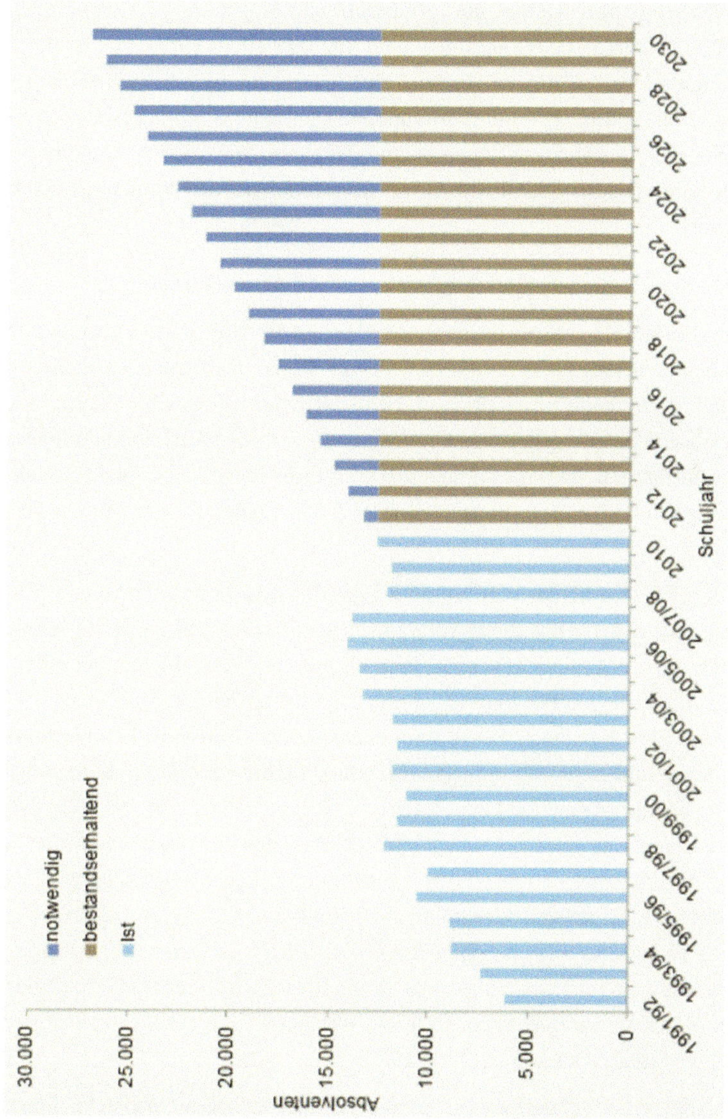

Abbildung 4: Notwendige Absolventinnen und Absolventen der Altenpflegeausbildung zum Ausgleich der Fachkräftelücke
Quelle: Prognos AG (2012, S. 35)

Da wie bereits beschrieben, die voraussichtliche Stärke der Absolventenjahrgänge bis 2030 bei circa 12.600 Personen liegt und dies allein notwendig ist um den Bestand annähernd zu halten, zeichnet sich in den kommenden Jahren eine zunehmende Diskrepanz zwischen vorhandenen und benötigten Fachkräften in der Altenpflege ab. Der Fachkräftemangel im Pflegebereich wird sich dementsprechend, wenn keine zusätzlichen Pflegekräfte gewonnen werden können, drastisch verschärfen.

3.1.1 Durchschnittliche Berufsverweildauer von Altenpflegekräften

Allein die Zahl der Absolventinnen und Absolventen der Fachrichtung Altenpflege lässt keinen Rückschluss darauf zu, wie viele Personen tatsächlich als Altenpflegerin und Altenpfleger beschäftigt sind. Die Betrachtung der Verweildauer im Beruf, zeigt, dass Altenpflegekräfte, selbst wenn sie nach der Ausbildung dem erlernten Beruf nachgehen, dem Altenpflegemarkt in ihrer beruflichen Qualifikation als Altenpflegerinn oder Altenpfleger teilweise nur für eine gewisse Zeit zur Verfügung stehen.

Die Berufsverweildauer von Altenpflegekräften wurde von Hackmann (2009) ermittelt. Die durchschnittliche Verweilzeit liegt bei 8,4 Jahren, wobei examinierte Fachkräfte mit 12,7 Jahren eine deutlich höhere Verweildauer, als nicht-examinierte Altenpflegekräfte mit 7,9 Jahren, aufweisen. Diese Zahlen variieren je nach Alter der Personen stark. Für Altenpflegekräfte im Alter von 19 Jahren wurde eine Restverweildauer im Altenpflegeberuf von 2,8 Jahren ermittelt, diese steigt im Alter von 36 Jahren auf 11,2 Jahre. Nach dem 36. Lebensjahr ist wieder ein deutlicher Rückgang der Verweildauer zu beobachten. Dass das Bild des Pflegeberufs, welches in der Ausbildung gewonnen wurde, nicht mit der Realität des Arbeitsalltags übereinstimmt, wird unter anderem als Begründung für die hohen Abbruchraten der jungen Fachkräfte angenommen. Zusätzlich wird ein Berufswechsel in ‚jüngeren Jahren‘ als weniger aufwendig erlebt als bei Umschülerinnen und Umschülern mittleren Alters, da im Gegensatz zu ihnen weniger häufig familiäre Verpflichtungen bestehen (vgl. Hackmann, 2009, S. 19 f.).

Eine längere Verweildauer der Altenpflegekräfte in ihrem Berufsfeld, birgt, bezüglich der Entschärfung des Fachkräftemangels, ein hohes Potential.

Da man die tatsächliche Personalentwicklung aufgrund unvorhersehbarer Entwicklungen nicht voraussagen kann, ist es nicht entscheidend, ob alles so wie prognostiziert, eintreffen wird.

Jedoch sollten die Größenordnung und Entwicklungstendenz ausschlaggebend für die Einordung der Relevanz des Themas sein. Es besteht akuter Handlungsbedarf. Zum einen muss neues Pflegepersonal dazugewonnen, zum anderen vorhandene Pflegekräfte in der Pflegebranche gehalten werden.

3.1.2 Generalistische Ausbildung in der Pflege

Das Bundesministerium für Familie, Senioren, Frauen und Jugend und das Bundesministerium für Gesundheit erarbeiten einen Entwurf für ein neues Pflegeberufegesetz, um die Attraktivität des Berufsfeldes zu erhöhen und den demographischen Entwicklungen gerecht zu werden. Angestrebt ist eine Zusammenführung der Ausbildungen der Altenpflege, der Gesundheits- und Krankenpflege und der Gesundheits- und Kinderkrankenpflege zu einer generalistisch ausgerichteten Pflegeausbildung. Diese soll drei Jahre dauern und eine einheitliche Grundausbildung mit wählbarem Vertiefungseinsatz bieten. Das Gesetzgebungsverfahren begann im Jahr 2015 (vgl. Bundesministerium für Familie, Senioren, Frauen und Jugend, 2015).

Die große Chance für Personen, welche diese Pflegeausbildung absolvieren, aber auch für die Personalentwicklung im Bereich Pflege allgemein, liegt unter anderem darin, dass dadurch den Pflegekräften grundsätzlich alle Arbeitsfelder im Pflegebereich offenstehen – folglich berufliche ‚Sackgassen' besser vermieden werden können. Die Möglichkeit sich im Bereich der Pflegearbeit leichter umzuorientieren, könnte sich positiv auf den bisher kurzen Verbleib der Pflegekräfte im Beruf auswirken. Möglicherweise kommt es somit seltener zur Fluktuation in der Altenpflegebranche. Dass Pflegefachpersonen bis ins Rentenalter, bei körperlicher und psychischer Gesundheit, in Ihrem Arbeitsfeld beschäftigt sein können, ist das Ziel (vgl. Ott, 2014, S. 34).

Inwieweit sich die Hoffnungen, welche in das neue Pflegeberufegesetz gesteckt werden, erfüllen, bleibt abzuwarten. Die Etablierung der generalistischen Pflegeausbildung in Deutschland wird erst in ein paar Jahren – hinsichtlich des Einflusses auf die Personalentwicklung in der Pflege – umfassend beurteilbar sein.

Neben der aus heutiger Sicht auf Dauer zu geringen Anzahl von Personen, welche die Altenpflegeausbildung absolvieren sowie der relativ kurzen Berufsverweildauer von Altenpflegekräften, gibt es weitere nachfolgende Ursachen, die den Fachkräftemangel in der Altenpflege bedingen können.

4 Ursachen für den Fachkräftemangel in der Altenpflege

Unter Punkt 3 wurde das Vorhandensein des Fachkräftemangels in der Altenpflegebranche bestätigt. Des Weiteren stellte sich heraus, dass sich dieser bei gleichbleibenden Bedingungen in Zukunft gravierend zuspitzen wird. Demzufolge bedarf es Maßnahmen dem Fachkräftemangel zu begegnen. Um zielführende Maßnahmen ableiten zu können, müssen jedoch die Ursachen für den Mangel, welche in folgendem Kapitel aufgezeigt werden, bekannt sein. Zu Beginn werden herrschenden Bedingungen, mit welche die Altenpflegekräfte konfrontiert sind, aufgezeigt. Diese können Folgen nach sich ziehen, welche ursächlich für den Fachkräftemangel sind.

Insgesamt sind die Ursachen sehr vielfältig. In der Literatur werden als zentrale Themen folgende Aspekte aufgeführt: das Berufsbild und Image des Altenpflegeberufes, die Auswirkungen der Ökonomisierungsprozesse in der Pflegebranche, die Belastungen der Pflegekräfte durch die herrschenden Arbeits- und Rahmenbedingungen – und deren Folgen, sowie die demographische Entwicklung in Deutschland.

Zunächst wird mit Hilfe der Abbildung 5 ein allgemeiner Eindruck zur Arbeitszufriedenheit der Pflegekräfte, differenziert nach Alter, gegeben. Diese Grafik wurde durch Statista, auf Datengrundlage des Instituts für Gesundheits- und Sozialforschung, erstellt und veröffentlicht.

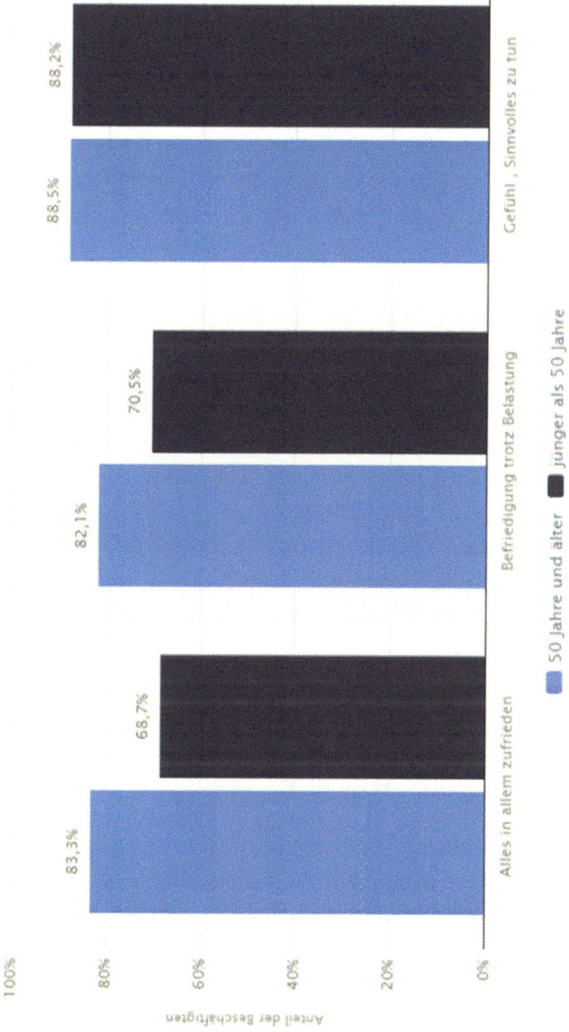

Abbildung 5: Arbeitszufriedenheit der Beschäftigten in der Altenpflege, Anzahl der Befragten Personen: 603

Quelle: Statista (2016a), auf Datengrundlage des Instituts für Gesundheits- und Sozialforschung

Es ist zu erkennen, dass die Arbeitszufriedenheit bei Altenpflegekräften im Alter von 50 Jahren und älter, sowohl bei ‚Alles in allem zufrieden', wie auch bei ‚Befriedigung trotz Belastung' bei über 80 Prozent liegt. Bei den jüngeren Pflegekräften liegt die Zufriedenheit bei beiden genannten Kategorien bei circa 70 Prozent. Dies bedeutet, dass jüngere Fachkräfte mit der Arbeit tendenziell unzufriedener als die älteren sind. Inwiefern dieses Ergebnis jedoch die Meinung der Gesamtheit der Altenpflegekräfte repräsentiert, ist unklar, da lediglich 603 Altenpflegerinnen und Altenpfleger befragt wurden. Dennoch kann abgeleitet werden, dass Altenpflegekräfte verschiedenen Alters unterschiedlich zufrieden mit ihrer Arbeit sind. Diese Erkenntnis sollte einerseits bei der Suche nach Ursachen für und andererseits Maßnahmen gegen den Fachkräftemangel berücksichtig werden, indem man einen altersgruppendifferenzierten Blickwinkel einnimmt.

Insgesamt soll der Vergleich dieser beiden Altersgruppen zeigen, dass die Faktoren, auf welche im weiteren Verlauf eingegangen wird und welche im weitesten Sinne den Fachkräftemangel bedingen können, nicht jede Altenpflegekraft gleichermaßen beeinflussen oder belasten. Bei der Bewertung der Arbeits- und Rahmenbedingungen der Pflegearbeit spielen sowohl persönliche Ressourcen, wie auch andere Faktoren, beispielsweise das Alter der Pflegekraft, eine entscheidende Rolle. Dementsprechend werden Entscheidungen, zum Beispiel der Berufsausstieg, individuell und aus verschiedenen Beweggründen heraus getroffen. In der folgenden Darstellung der Ursachen für den Fachkräftemangel handelt es sich demnach lediglich um Tendenzen, welche jedoch keine Allgemeingültigkeit haben.

4.1 Berufsbild und Image

Um Erkenntnisse zur Attraktivität von Gesundheitsberufen zu gewinnen, hat das Fritz Beske Institut[2] in Zusammenarbeit mit Vertreterinnen und Vertretern verschiedener Institutionen eine Arbeitsgruppe gegründet. Bei mehreren Treffen wurde das Thema analysiert und festgestellt, dass in der Bevölkerung im Bereich der Gesundheitsberufe besonders Ärztinnen und Ärzte sowie Krankenschwestern und Krankenpfleger ein hohes Ansehen genießen. Altenpflegekräfte hingegen werden mit einer ungleich geringeren Wertschätzung betrachtet. Die Altenpflege wird

---

2   Das Fritz Beske Institut war eine Einrichtung der Versorgungsforschung. Es wurde 1975 als das ‚Institut für Gesundheits-System-Forschung Kiel' von Prof. Dr. med. Fritz Beske MPH gegründet und trug seit 2000 seinen Name. Da, nachdem Fritz Beske in den Ruhestand gegangen ist, kein Nachfolger für ihn gefunden wurde, endete die Arbeit des Instituts im Jahr 2013 (vgl. Stüwe, 2013).

als ein Beruf wahrgenommen, welcher sich hauptsächlich körperlichen und geistigen Gebrechen, mit der Perspektive des Todes, widmet. Der Nutzen der Arbeit wird häufig angezweifelt, die Pflege älterer Menschen als Belastung für die Gesellschaft wahrgenommen und aus politischer Sicht häufig auf einen Kostenfaktor reduziert. Oftmals wird die Bedeutung der Arbeit, welche ein würdevolles und erfülltes Dasein der Pflegebedürftigen ermöglicht, nur individuell wahrgenommen, nämlich von Personen die selber der Pflege bedürfen oder deren Angehörige gepflegt werden. Die Anerkennung, welche den Altenpflegekräften aufgrund der Bedeutung ihrer Arbeit zukommen müsste, erfolgt von Seiten der Gesellschaft kaum. Wegen der Arbeitsbedingungen und der daraus folgenden negativen Wahrnehmung ihres eigenen Berufes, tragen die Altenpflegerinnen und Altenpfleger selbst häufig nicht zur Aufwertung ihres Berufsbildes bei (vgl. Beske, Brix, Gebel, Schwarz, 2012a, S. 84).

Des Weiteren ist es problematisch, dass die Altenpflege das Image eines ‚weiblichen Berufes' hat. Historisch gesehen wird Pflege dem weiblichen Geschlecht zugeschrieben, da Frauen aufgrund ihrer Motivation und Einstellung „von Natur aus" (Backes u.a., 2008, S. 52) zur Pflege berufen sind – „ein gutes Herz haben" (Backes u.a., 2008, S. 52). Dies wird häufig als wichtiger angesehen als die Fachkompetenzen, welche zur Ausübung des Berufes notwendig sind. Männer verkörpern im Beruf des Altenpflegers noch immer eine abweichende Form von Männlichkeit (vgl. Backes u.a., 2008, S. 52 f.).

Dass Frauen vornehmlich ‚direkte' Pflege leisten (körpernahe und personennahe Pflege), Männer hingegen eher die ‚indirekte' Pflege (Aufgaben des Managements und der Planung) übernehmen (vgl. Voges, 2002 zitiert nach Backes u.a., 2008, S. 51), ist sowohl in der professionellen, wie auch in der häuslich-familiären Pflege, festzustellen. Bei Interviews mit zukünftigen männlichen Altenpflegekräften zeichnete sich ab, dass viele Pfleger die ‚direkte' Pflege alter Menschen in ihrem Karriereverlauf lediglich als Durchgangsstadium und Sprungbrett zu Tätigkeiten auf einer Leitungsebene nutzen. Insgesamt versuchen männliche Pflegekräfte häufig durch gezielte Spezialisierungen ihren Status innerhalb der Pflegetätigkeiten zu erhöhen und sich somit von der als weiblich empfundenen ‚direkten' Pflege abzugrenzen (vgl. Backes u.a., 2008, S. 51 ff.).

Backes u.a. (2008) haben aus der Pflegestatistik 2005, anhand der Angaben zum Pflegepersonal, ablesen, dass der Frauenanteil bei pflegerischen Aufgaben, welche den unterstützenden Hilfstätigkeiten zugehörig sind, bei über 90 Prozent, der Männeranteil dementsprechend bei weniger als 10 Prozent liegt. Bei den Beschäftigten, welche einen pflegewissenschaftlichen Studienabschluss haben, steigt der Anteil der Männer auf ein Drittel. Insgesamt nimmt der Männeranteil in der beruflichen Pflege mit der Höhe der Ausbildung zu (vgl. Backes u.a., 2008, S. 50).

Teilweise wird Männern, welche in der Pflege arbeiten, von ihren Kolleginnen eine homosexuelle Orientierung unterstellt. Des Weiteren werden ihnen oft nur spezifische Tätigkeiten im ‚technischen Bereich‘ zugetraut. In anderen beruflichen Handlungsgebieten ist ihre Anerkennung nicht selbstverständlich. Insgesamt sind diese Ansichten jedoch zunehmend rückläufig und werden heute noch hauptsächlich von den älteren Pflegerinnen geteilt. Trotz der positiven Tendenz findet die Diskriminierung der Männer in Pflegeberufen noch immer statt (vgl. Sander, 2009, S. 378ff.).

Nach Meinung der Autorin dieser Arbeit, erfahren die weiblichen Pflegekräfte jedoch weitaus mehr Diskriminierung, weil sie durch die Kategorisierung der Pflegearbeit als ‚weibliche Tätigkeit‘ gesellschaftlich abgewertet werden. Es werden ihnen kaum Kompetenzen, außer die, welche sie sowieso „von Natur aus“ (Backes u.a., 2008, S. 52) haben, zugetraut. Auch innerhalb des Berufes der Altenpflege wird die Arbeit der Frauen gegenüber der der Männer als weniger wert betrachtet, was sich unter anderem durch teilweise vorhandene geschlechterspezifische Lohnunterschiede zeigt.

Abbildung 6 stellt den sogenannten ‚Gender Pay Gap‘ in der Pflegebranche dar und verdeutlicht die konkreten Lohnunterschiede zwischen weiblichen und männlichen Pflegekräften. Männer haben ein durchschnittliches Bruttomonatseinkommen von 2.633 Euro, Frauen verdienen im gleichen Beruf durchschnittlich 2.315 Euro brutto und somit über 300 Euro weniger als ihre männlichen Kollegen.

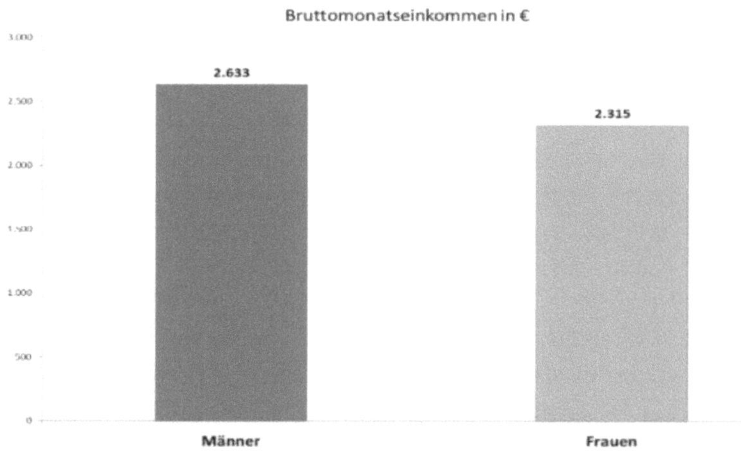

Abbildung 6: Gender Pay Gap im Pflegeberuf
Quelle: Bispinck (2013, S. 11), auf Datenbasis des Lohnspiegels

Das Berufsbild der Altenpflege wird, wie sich gezeigt hat, in der Gesellschaft als wenig attraktiv wahrgenommen. Frauen werden, beispielsweise durch das Vorhandensein der Gender Pay Gap, gegenüber ihren männlichen Kollegen diskriminiert. Für Männer dürfte sich dieser Berufszweig aufgrund des zwar verblassenden, aber noch immer vorhandenen Images eines ‚Frauenberufes', als unattraktiv darstellen. Das gesellschaftlich (negative) Bild des Altwerdens, sowie die teilweise Unzufriedenheit der Pflegekräfte im Beruf, tragen nicht zu einer Verbesserung des Images bei. Demzufolge ist die Aufwertung des Berufsbildes der Altenpflegerin und des Altenpflegers unumgänglich. Mit einer ‚Image-Aufbesserung' kann möglicherweise das Interesse an der Altenpflege geweckt und gesteigert sowie Personen dafür begeistert und zur Ergreifung des Berufes gewonnen werden. Dies wäre der Entschärfung des Fachkräftemangels zuträglich.

4.2 Auswirkungen der Ökonomisierung des Pflegemarktes

Die Arbeitsbedingungen und Arbeitsbelastungen im Allgemeinen haben sich im Gesundheitswesen aufgrund der Ökonomisierung und der daraus folgenden Steigerung der Effizienz verschärft (vgl. Beske u.a., 2012a, S. 71).

Mit der Verabschiedung der sozialen Pflegeversicherung 1994 in Deutschland, begann die Ökonomisierung im Pflegebereich ihren Lauf zu nehmen. Dieser Prozess beinhaltet ökonomische Prinzipien wie Effizienzsteigerung, Kostendämpfung und Wettbewerbsförderung im Pflegesektor (vgl. Pfau-Effinger, Och und Eichler, 2008 zitiert nach Auth, 2012, S. 618). Aus Effizienzgründen wurden in der ambulanten Pflege beispielsweise sogenannte Leistungskomplexe für die Pflegearbeit festgelegt. Dies bedeutet, dass bestimmten Tätigkeiten standardisierte Preise und Zeiteinheiten zugeordnet wurden[3] (vgl. Pfau-Effinger u.a., 2008 zitiert nach Auth, 2012, S. 622). Des Weiteren tritt der Staat im Zuge der Ökonomisierung nicht mehr nur als Produzent, sondern auch als Nachfrager der Leistungen auf, indem wohlfahrtsstaatliche Tätigkeiten ausgelagert wurden und somit Anbieter sozialer Dienste entstehen und in Konkurrenz zueinander treten können. Somit kommt es zu einem Wettbewerb unter den Anbietern sowie der Pluralisierung von Trägern sozialer Dienste. Ein weiterer Punkt im Zuge der Ökonomisierung im Pflegebereich ist die zunehmende Privatisierung. Private Leistungen werden direkt auf dem Markt angeboten und von Konsumenten nachgefragt. Der private Anbieter steht hier in keiner Beziehung zum Staat (vgl. Pfau-Effinger u.a., 2008 zitiert nach Auth, 2012, S. 619). Ziele dieser Maßnahmen sind die Kostensenkung personenbezogener sozialer Dienste sowie des sozialen Sicherungssystems und gleichzeitig die Verbesserung der Leistungen und deren Qualität. In seinem Gutachten wies der Sachverständigenrat zur Begutachtung der Entwicklung im Gesundheitswesen 2007 darauf hin, dass aufgrund knapper Ressourcen die Ökonomisierung im Sinne eines effizienten und kosteneffektiven Handelns notwendig sei (vgl. Auth, 2012, S. 619).

Die Ökonomisierungsprozesse sind bei der Pflegearbeit deutlich zu spüren. Durch den, durch die Ökonomisierung provozierten Konkurrenzkampf zwischen den Anbietern, müssen jeweils Sparmaßnahmen ergriffen werden, um das Überleben des einzelnen Unternehmens sicherstellen zu können und teilweise Gewinne zu erwirtschaften.

Neben materiellen Sparmaßnahmen sind es die personellen Einsparungen und damit einhergehenden Konsequenzen, die sich auf die Altenpflegerinnen und Altenpfleger auswirken. Die Arbeitsverdichtung und der Zeitdruck, welchen die Pflegekräfte ausgesetzt sind, bergen unter Umständen die Gefahr der Abstumpfung bei der Arbeit (vgl. Schweiger, 2011, S. 54). Die gesellschaftlichen Leitbilder der Pflege, der Wunsch zu helfen und mit Menschen zu arbeiten, sind zentrale Motive für die Berufswahl der Pflegekräfte (vgl. Dunkel, 2005 zitiert nach Marrs, 2007, S. 504). Häufig lassen sich diese Ansprüche aufgrund der Arbeitsbedingungen in der beruflichen Praxis nicht umsetzen, was viele Pflegekräfte zum Nachdenken über einen

---

[3] Dementsprechend werden gleiche Tätigkeiten, auch wenn dafür tatsächlich mehr Zeit benötigt wird, stets mit den gleichen Geldbeträgen durch die Pflegeversicherung vergütet.

Berufswechsel bewegt (vgl. Braun, Müller und Timm, 2004 zitiert nach Marrs, 2007, S. 504). Die Fluktuation in der Branche, sowie die hohe Krankheitsrate der Pflegekräfte werden auf die große berufliche Belastung bei der Pflegearbeit als zentrale Ursache zurückgeführt. Unter den heutigen Bedingungen ist die Arbeit in der Pflege von Stress, Hektik und starkem Zeitdruck gekennzeichnet. In den vergangenen Jahren haben sich die Arbeitsverdichtung sowie der Zeit- und Leistungsdruck weiter erhöht, wie einer Befragung zu Folge das Pflegepersonal, aber auch das Management von Pflegeeinrichtungen bestätigen (vgl. Marrs, 2007, S. 504.).

Über die Hälfte der Pflegekräfte, welche in einer Studie zur Arbeitszufriedenheit in bayerischen Altenpflegeheimen befragt wurden, gaben an, dass sich die Arbeitsbedingungen seit der Einführung der Pflegeversicherung wesentlich verschlechtert haben. Zu ähnlichen Ergebnissen gelangten Studien der Berufsgenossenschaft für Gesundheitsdienst und Wohlfahrtspflege (BGW) (vgl. Güntert und Thiele, 2008, S. 161 f.).

Die Beurteilung des allgemeinen Nutzens der Ökonomisierung im Gesundheitsbereich ist nicht Gegenstand dieser Arbeit. Lediglich aus Sicht der Pflegenden hat sich gezeigt, dass die Ökonomisierungsprozesse im weitesten Sinne kritisch zu betrachten sind. Nach Ansicht der Autorin dieser Arbeit, kann es im Rahmen der Pflege zu moralisch bedenklichen Situationen, möglicherweise in Form von einer durch den Zeitdruck begründeten unzureichenden medizinischen und pflegerischen Versorgung der Pflegebedürftigen, kommen. Unter anderem entsteht Zeitdruck durch bereits erwähnte Leistungskomplexe aufgrund dessen, weil die Pflegekräfte die Aufgaben innerhalb der vorgegebenen vergüteten Zeiteinheiten zu bewältigen versuchen. Individuelle Bedürfnisse der zu Pflegenden können dabei kaum berücksichtig werden. Dies sowie die Einsparungen materieller und personeller Mittel, kann zu einer Pflege am Rande der Menschenwürde führen. Im weitesten Sinne können dadurch die Entstehung von Krankheiten mit der möglichen Folge der Fluktuation begünstigt werden, wenn die Ressourcen und Bewältigungsstrategien des Individuums, um mit solchen Situation umzugehen, nicht ausreichen. Das wiederum wirkt sich, wie bereits unter Punkt 4.1 beschrieben, negativ auf das Image des Berufsbildes aus und wird den Mangel an Fachkräften in der Altenpflege in Zukunft noch weiter verschärfen.

4.2.1 Dokumentation in der Altenpflege

Die Funktionen der Dokumentation in der Pflegearbeit sind vielseitig. Nach Höhmann, Weinrich und Gätschenberger (1996) hat die Pflegedokumentation die Aufgabe als Informationsmedium zu dienen, welches die Weitergabe und Sicherung sowie die Koordination von Pflegehandlungen zu leisten hat. Somit kann ein professionelles Handeln der Pflegekräfte nachgewiesen werden, wie auch ein innerprofessioneller Qualitätsnachweis und eine Erfolgskontrolle erfolgen. Der Nachweis des wirtschaftlichen Umgangs mit Ressourcen sowie der Pflegequalität aus juristischer Sicht, sind weitere Punkte, welche eine Pflegedokumentation erforderlich machen (vgl. Grimm, 2010, S. 6 f.).

Die in den letzten Jahren zunehmende Bürokratisierung im Pflegebereich, die sich auch in einer wachsenden Dokumentationspflicht der Tätigkeiten von Pflegekräften ausdrückt, ist den gestiegenen Anforderungen nach Qualität und Transparenz geschuldet (vgl. Expertenkommission Pflege/BGW, 2012 zitiert nach Behr, 2015, S. 164).

Zum einen findet anhand der Dokumentation die Qualitätsprüfung der Pflegearbeit durch den MDK statt. Aufgrund des Wettbewerbs auf dem Pflegemarkt nimmt eine positive Beurteilung durch den MDK einen immer wichtigeren Stellenwert für die Einrichtungen ein. Zum anderen dient die Pflegedokumentation als Grundlage für die Pflegestufenermittlung einer Person durch den MDK (daraus resultiert die Geldzuweisung durch die Pflegekassen), was nachvollziehen lässt, dass die Einrichtungen aus wirtschaftlicher Sicht an einer ausführlichen und korrekten Dokumentationsarbeit interessiert sind. Der wesentliche Sinn der Pflegedokumentation, nämlich die Unterstützung des Pflegeprozesses an sich, rückt dabei immer mehr in den Hintergrund (vgl. Bundesverband Pflegemanagement, 2012 zitiert nach Behr, 2015, S. 166). Das Dokumentieren der Tätigkeiten verursacht bei den Pflegekräften einen enormen Aufwand und bindet sowohl zeitliche als auch personelle Ressourcen, welche im Kernprozess der Pflege fehlen. Vielen Pflegekräften fehlt dafür zunehmend das Verständnis (vgl. Behr, 2015, S. 164 ff.).

4.2.2 Personalpolitik

Insgesamt werden die Bewohnerinnen und Bewohner von Altenpflegeheimen tendenziell nicht mehr wie früher über Jahre im Heim versorgt. Die Versorgungsphase hat sich von Jahren auf Monate reduziert, was für die Pflegekräfte bedeutet, dass deutlich häufiger aufwändige Pflegezyklen pro Jahr und somit Mehrarbeiten zu bewältigen sind[4]. Problematisch ist, dass die Personalschlüssel[5], welcher mit Einführung der Pflegeversicherung festgelegt wurden, bis heute nicht an die

veränderten Entwicklungen angepasst worden sind. Die damit einhergehende stetig steigende Arbeitsbelastung für die Pflegekräfte, wirkt sich beeinträchtigend auf die Attraktivität des Berufes aus (vgl. Beske u.a., 2012a, S. 71 ff.).

Durch die Umsetzung des Zweiten Pflegestärkungsgesetzes, welches die Anpassung der Personalschlüssel an den tatsächlichen Arbeitsaufwand verspricht, soll die Arbeitsdichte sowie die damit einhergehende Arbeitsbelastung der einzelnen Pflegekraft reduziert werden.

Mit dem PSG II wurden die Vereinbarungspartner (Träger der Pflegeeinrichtungen, Sozialhilfeträger und Pflegekassen) in Bezug auf die Personalpolitik folgendermaßen verpflichtet: Sie müssen die Prüfung und Anpassung der Personalschlüssel und Personalstruktur unter Betrachtung des neuen Pflegebedürftigkeitsbegriffs und der fünf neuen Pflegegrade (beides tritt am 1. Januar 2017 in Kraft) vornehmen. Des Weiteren schreibt das PSG II vor, dass die Selbstverwaltung ein wissenschaftlich abgesichertes Verfahren zur Personalbedarfsmessung entwickeln muss. Dies soll bis Mitte 2020 geschehen und der Möglichkeit der Feststellung, wie viele Pflegekräfte für eine gute Pflege in einer Einrichtung benötigt werden, dienen (vgl. Bundesministerium für Gesundheit, 2015a).

Grundsätzlich wird es, von der Autorin dieser Arbeit, positiv bewertet, dass sich die Politik um die Anpassung der Personalschlüssel in der Pflegebranche bemüht und konkrete Maßnahmen in Form von gesetzlichen Verpflichtungen ergreift. Allerdings ist es aufgrund der Prognosen zur Personalentwicklung in der Altenpflege (siehe dazu Punkt 3) fraglich, ob – selbst wenn die Personalschlüssel entsprechend angepasst wurden – ausreichend Pflegekräfte zur Verfügung stehen, um diese Stellen zu besetzen.

---

[4] Durch das im Pflegeversicherungsgesetz (§ 43 Abs. 1 SGB XI) verankerte Prinzip: ‚ambulant vor stationär' - sind Pflegeeinrichtungen zunehmend mit hochbetagten und multimorbiden Bewohnerinnen und Bewohner konfrontiert (vgl. Deutscher Berufsverband für Pflegeberufe e.V., 2014). Aufgrund des schlechten Gesundheitszustandes der meisten Bewohnerinnen und Bewohner, ist die Lebenserwartung – und dementsprechend die Verweildauer im Pflegeheim gering. Pflegebedürftige bei welchen der Pflegeaufwand geringer ist werden, entsprechend dem Pflegeversicherungsgesetz, so lange wie möglich, häuslich oder teilstationär gepflegt.

[5] Personalschlüssel: Damit wird das Verhältnis von Mitarbeiterinnen und Mitarbeitern zu Bewohnerinnen und Bewohnern beschrieben. Der Personalschlüssel gibt an, wie viele Pflegebedürftige von einer Vollzeitkraft zu versorgen sind (vgl. Wipp, 2016).

4.3 Arbeits- und Rahmenbedingungen in der Altenpflege

Die Arbeits- und Rahmenbedingungen in der Altenpflegearbeit werden von vielen Faktoren beeinflusst. Wie bereits beschrieben, hat die Ökonomisierung, welche beispielsweise den erhöhten Dokumentationsaufwand nach sich zieht, einen großen Einfluss darauf. Im Folgenden wird dargestellt, inwiefern die Bedingungen, unter welchen die Pflegearbeit in Deutschland geleistet wird, eine physische oder psychische Belastung für die Altenpflegekräfte bedeuten können.

4.3.1 Physische Belastungen der Pflegekräfte

Laut einer durch die Bundesanstalt für Arbeitsschutz und Arbeitsmedizin und des Bundesinstitutes für berufliche Bildung durchgeführten Befragung aus dem Jahr 2006, sind Personen, welche im Pflegebereich arbeiten, besonders häufig von Rückenschmerzen betroffen. Dies ist meistens die Folge einseitiger körperlicher Belastung. Durch arbeitsbedingt ungünstige Körperhaltungen der Pflegepersonen, dem langen Stehen sowie dem Heben schwerer Lasten, ist der Arbeitsalltag in der Pflege geprägt. Zwei von drei Pflegenden gaben im Rahmen der Befragung an, während der Arbeit häufig schwere Lasten heben zu müssen. Selbst im Baugewerbe ist diese Art von Belastung nicht so hoch wie bei Pflegekräften, nur jeder zweite muss hier häufig schwer heben. Als ungünstige Körperhaltungen sind beispielsweise Arbeiten in gebückter, kniender oder hockender Position zu verstehen, welche im Bereich der Pflege häufig vorkommen. Die Folgen solcher Belastungen sind, neben den bereits erwähnten Rückenschmerzen, unter anderem Beschwerden im Nacken-Schulter-Bereich (vgl. AOK-die Gesundheitskasse, 2015a).

Wenn hohe Anteile der Arbeit der Altenpflegekräfte grundpflegerische oder hauswirtschaftliche Tätigkeiten umfassen, können ausgeprägte physische Belastungen eher auftreten, als wenn der Arbeitsschwerpunkt in einem anderen Bereich liegt. Dies geht aus deutschen Studien, die Arbeitssituation in der Pflege betreffend, hervor (vgl. Theobald, Szebehely und Preuß, 2013, S. 40 f.). Aufgrund dessen, dass körperlich belastende Pflegetätigkeiten insbesondere von Pflegekräften mit wenig oder ohne formale Qualifikation übernommen werden, ist bei ihnen die physische Belastung größer als bei höher qualifizierten Pflegekräften (vgl. Estryn-Behar, Nezet, Laine, Pokorski und Caillard, 2005 zitiert nach Theobald u.a., 2013, S. 41).

Neben den physischen sind die Pflegenden auch einer Vielzahl psychischer Belastungen ausgesetzt.

4.3.2 Psychische Belastungen der Pflegekräfte

Als psychische Belastungen werden Einflüsse, die von außen auf eine Person ein- und sich belastend auf die Psyche auswirken, verstanden. Diese beinhalten sowohl geistige, mentale, emotionale und soziale Aspekte. Des Weiteren wirken auch beispielsweise Gerüche, Geräusche und Licht psychisch. In der Regel entsteht eine als belastend wahrgenommene Situation für die Pflegekraft, nicht aufgrund des Vorhandenseins eines einzigen Belastungsfaktors, sondern durch die Korrelation mehrerer. Ungefähr 13 Prozent der Arbeitsunfähigkeitstage sind auf psychische Belastungen der betroffenen Personen zurückzuführen. Auch stellen sie mittlerweile den häufigsten Grund für Frühverrentungen dar. Dies wurde durch das Bundesministerium für Arbeit, der Bundesvereinigung der Deutschen Arbeitgeberverbände und dem Deutschen Gewerkschaftsbund in ihrer gemeinsamen Erklärung zur psychischen Gesundheit in der Arbeitswelt (2013) festgestellt. Arbeitsbedingter Stress stellt nach einer Studie der Europäischen Agentur für Sicherheit und Gesundheitsschutz am Arbeitsplatz, insbesondere bei den Angehörigen von Berufsgruppen im Gesundheits- und Sozialwesen, ein Gesundheitsrisiko dar. Dies wird ebenso durch Ergebnisse weiterer Erhebungen belegt (vgl. Behr, 2015, S. 167 f.).

4.3.2.1 Stressoren bei der Arbeit und ihre Auswirkungen auf die Pflegekräfte

Stress bezeichnet zusammenfassend alle extremen physischen und psychischen Belastungs- sowie Schädigungs- und Spannungssituationen, welche bei der betroffenen Person ein unwohles Gefühl auslösen und ihr Verhältnis zur sozialen Umwelt stören (vgl. Hillmann, 1994 zitiert nach Behr, 2015, S. 170). Alle inneren und äußeren Reize, welche Stress verursachen können, werden im Folgenden als Stressoren verstanden (vgl. Behr, 2015, S. 170).

Behr differenziert in seinem Buch ‚Aufbruch Pflege' aus dem Jahr 2015 verschiedene Arten von Stressoren – nämlich die aufgabenbezogenen, die sozialen und psycho-mentalen, die betrieblich-organisationalen und überbetrieblichen Stressoren, sowie umweltbezogene. Im Rahmen des Wartburg-Symposiums 2014[6] wurden durch die Teilnehmerinnen und Teilnehmer, diese wesentlichen Stressoren, welche

---

[6] Im Rahmen des Wartburg-Symposium 2014 kamen auf der Wartburg 16 Expertinnen und Experten aus der Wissenschaft sowie der Praxis zusammen, um gemeinsam zu erarbeiten, ob es einen Zusammenhang zwischen der Pflegedokumentation und dem Auftreten psychischer Belastungen bei Pflegekräften gibt (vgl. Behr, 2015, S. 164).

auf Pflegekräfte einwirken können – hauptsächlich auf Basis ihrer eigenen Erfahrungen in der Pflegearbeit, herausgearbeitet (vgl. Behr, 2015, S. 169).

Im Folgenden wird anhand der gewonnenen Ergebnisse Behrs auf diese unterschiedlichen Arten von Stressoren eingegangen und die Relevanz für Pflegekräfte dargestellt.

Als aufgabenbezogener Stressor ist beispielsweise die Arbeitsverdichtung, welche in den letzten Jahren unter anderem aufgrund der steigenden Zahl pflegebedürftiger Personen und der nicht erfolgten Anpassung der Personalschlüssel (siehe dazu Punkt 4.2.2) zunahm, zu nennen. Diese Spannungssituation wird durch die Arbeit in Schichten und der oft wechselnden Teamstrukturen, hauptsächlich der wachsenden Anzahl krankheitsbedingter Fehltage der Pflegeteammitglieder geschuldet, verstärkt. Periphere Aufgaben (beispielsweise die Pflegedokumentation), welche den Kernprozess der Pflegearbeit zunehmend überlagern, stellen zusätzliche Anforderungen dar. Oftmals sind Pflegekräfte nicht ausreichend auf ihre Arbeiten vorbereitet worden, beispielsweise durch ungenügende Aus- und Weiterbildung, was zur Folge haben kann, dass sie sich ihren Aufgaben nicht gewachsen fühlen und dementsprechend Angstgefühle entwickeln, Fehler zu machen. Der aus wachsenden Anforderungen resultierende Zeitdruck bei der Arbeit sowie die häufigen Unterbrechungen der Arbeitsabläufe in der Pflegearbeit allgemein, sind für die Pflegekräfte zusätzlich belastend. Von einer Langzeitwirkung der Belastungen durch aufgabenbezogene Stressoren muss aufgrund dessen, dass viele Pflegekräfte täglich davon betroffen sind, ausgegangen werden (vgl. Behr, 2015, S. 171).

Die soziale Interaktion und das zwischenmenschliche Miteinander am Arbeitsplatz, können für Pflegekräfte soziale Stressoren darstellen (vgl. Zapf und Frese, 1987 zitiert nach Behr, 2015, S. 171). Das Arbeiten in einem „helfenden Beruf" (Behr, 2015, S. 172) erfordert nicht nur Fach-, sondern auch Kommunikations- und Sozialkompetenzen von den Angehörigen dieser Berufsgruppe. Nicht nur auf der Inhalts-, auch auf der emotionalen Beziehungsebene findet Kommunikation bei der Pflegetätigkeit, wie auch innerhalb des Teams und mit Vorgesetzten statt. Diese vielseitige Kommunikation in Verbindung mit aufgabenbezogene Stressoren, kann die Wahrscheinlichkeit des Auftretens soziale Stressoren, erhöhen (vgl. Behr, 2015, S. 172). Teamkonflikte haben unter anderem durch unzureichend kommunizierte organisationale Abläufe in den vergangenen Jahren zugenommen. Aber auch Rollenkonflikte, beispielsweise durch die Diskrepanz eigener Ansprüche an die Arbeit und den tatsächlichen Möglichkeiten diese umsetzen zu können, sind soziale Stressoren, welche in den letzten Jahren häufiger geworden sind. Oftmals geht damit das

Gefühl des „Wollens" (Behr, 2015, S. 172) aber „nicht-Könnens" (Behr, 2015, S. 172) bei den Pflegekräften einher, welches durch hohe Erwartungshaltungen von Angehörigen der pflegebedürftigen Personen weiter verstärkt werden kann (vgl. Behr, 2015, S. 172). Soziale Stressoren bedingen stressauslösende Faktoren auf der psycho-mentalen Ebene und stehen des Weiteren mit diesen in Wechselwirkung. Die Vielzahl an Erwartungen an die Pflegekräfte von unterschiedlichen Ebenen, in Verbindung mit der Komplexität der Aufgaben, kann das Gefühl der Überforderung auslösen. Dies kann so weit gehen, dass sich Pflegekräfte ihrer eigenen Kompetenzen nicht – oder nicht mehr sicher sind und somit der Arbeitsalltag von Unsicherheitsgefühlen begleitet und beeinträchtigt wird. Das Zusammenspiel sozialer und psycho-mentaler Stressoren kann sich bei den Altenpflegerinnen und Altenpflegern negativ auf das berufliche Selbstverständnis auswirken und bis hin zum Empfinden eines Sinnverlustes der eigenen Tätigkeit steigern (vgl. Behr, 2015, S. 171 f.).

Die bereits beschriebenen aufgabenbezogenen, sozialen und psycho-mentalen Stressauslöser können durch betriebliche und überbetriebliche Rahmenbedingungen der Arbeit, welche ebenfalls als Stressoren wahrgenommen werden können, unter Umständen zusätzlich verstärkt werden (vgl. Behr, 2015, S. 173). Wie bereits ausgeführt, steigt der Wettbewerb und somit die Konkurrenzsituation, einhergehend mit einem wachsenden Leistungsdruck, unter den Pflegeeinrichtungen. Dieser wirtschaftliche Druck wird von den Leitungsebenen der Einrichtungen an das Pflegepersonal, beispielsweise in Form von Sparmaßnahmen, weitergegeben. Somit entstehen zwangsläufig Einengungen der Gestaltungs- und Handlungsspielräume bei der Pflegearbeit. Darüber hinaus wiederspricht diese rational-ökonomisierte Orientierung dem ethischen Grundverständnis des Pflegeberufes. Diesen Spagat, zwischen Pflegequalitäts- und Wirtschaftlichkeitsanforderungen zu meistern, gelingt unterschiedlich gut und ist abhängig vom Vorhandensein persönlicher und institutioneller Ressourcen, der Führungsqualität in der Einrichtung sowie der Funktionstüchtigkeit vorhandener Teamstrukturen (vgl. Behr, 2015, S. 173). Der Leistungsdruck, die Unsicherheit und Verwirrung der Pflegekräfte bei der Arbeit werden immer weiter verstärkt. Dies hat seine Wurzeln zum einen im ständigen Wandel des Pflegemarktes, einhergehend mit häufigen Neuerungen und Anpassungen im Arbeitsumfeld welchen das Pflegepersonal ausgesetzt ist und sich anpassen muss. Zum anderen stehen die Pflegekräfte aufgrund dessen unter Anspannung und Druck, weil das Pflege-Weiterentwicklungsgesetz aus dem Jahr 2008 den MDK dazu berechtigt, unangemeldet die Pflegearbeit zu überprüfen. Auch werden seit

2009 die Pflegenoten[7] veröffentlicht – ein Umstand welcher den Qualitäts- und somit den Leistungsdruck der Pflegekräfte weiter verschärft (vgl. Behr, 2015, S. 173). Um eine gewisse Pflegequalität zu gewährleisten, muss die Arbeit der Altenpflegerinnen und Altenpfleger an wissenschaftlich definierten Expertenstandards ausrichtet sein. Durch die ständige Weiterentwicklung dieser Standards bedarf es zum

einen der stetigen Anpassung der Pflegekräfte an diese Neuerungen, zum anderen werden die persönlichen Entscheidungsspielräume dadurch immer weiter eingeengt – dies kann sich stressauslösend auf die Pflegekräfte auswirken (vgl. Behr, 2015, S. 173 f.). Die mangelnde Transparenz und Klarheit innerhalb der Einrichtung kann einen weiteren stressauslösenden Faktor darstellen. Werden beispielsweise anstehende Veränderungen nicht deutlich an die Pflegekräfte übermittelt, kann es zu Verständnis-, Orientierungs- und Motivationslosigkeit bei den Beschäftigten kommen und letztendlich zum Verschließen gegenüber Neuem führen. Generell wirken sich Führungsdefizite nachteilig auf das Pflegeteam aus und können die Pflegequalität beeinträchtigen (vgl. Behr, 2015, S. 174). Beispielsweise können Wohnbereichsleitungen in einer Doppelrolle sein, da sie sowohl Leitungs- als auch Pflegeaufgaben übernehmen müssen. Diese Position birgt ein Spannungsverhältnis in sich, welches sich stressauslösend auswirken und die möglicherweise ohnehin schon vorhandenen Belastungsgefühle verstärken kann. Insgesamt ist davon auszugehen, dass Situationen wie beschrieben, nicht nur Stress auslösen, sondern andere vorhandene Stressoren zusätzlich verstärken können. Dies kann bei den Pflegekräften aufgrund der damit einhergehenden Gefühle (z.B. Unsicherheit, Unklarheit, mangelndes Selbstbewusstsein bezüglich der eigenen Kompetenzen) zu tiefen Angstempfindungen im Arbeitsalltags führen (vgl. Behr, 2015, S. 174).

Die letzte Art der von den Teilnehmerinnen und Teilnehmern des Wartburg-Symposiums erarbeiteten und von Behr niedergeschriebenen Stressoren sind die umweltbezogenen. Hierunter sind Merkmale der sozialen Umwelt einer Person zu verstehen, welche abhängig von vorhandenen Ressourcen und Bewältigungsstrategien des Individuums, eine stressauslösende Wirkung haben können. Einbezogen werden hier innerhalb der Stressforschung auch Aspekte des sozio-ökonomische Status sowie die gesellschaftliche Position einer Person. Das negative Image des

---

[7] Die Pflegenoten werden anhand der durch den MDK und anderen Diensten ermittelten Ergebnisse der Qualitätsprüfung einer Einrichtung, mit dem Hintergrund des transparent Machens der Qualität der Einrichtung sowie der leichteren Vergleichbarkeit verschiedener Einrichtungen untereinander, vergeben (vgl. GKV-Spitzenverband, 2014).

Altenpflegeberufes, welches bereits ausführlich diskutiert wurde, stellt ebenso einen umweltbezogenen Stressor für die Altenpflegekräfte dar (vgl. Behr, 2015, S. 174 f.). Stressauslöser können in einzelne kritische Lebensereignisse sowie chronische Belastungen differenziert werden. Als kritische Lebensereignisse sind beispielsweise der Tod von Angehörigen oder auch eine Scheidung zu nennen (vgl. Behr, 2015, S. 175). Vielmehr sind bei Pflegekräften jedoch die umweltbezogenen Stressoren relevant, welche eine chronische Belastung darstellen, zum Beispiel die dauerhaft belastenden Arbeitsbedingungen im Allgemeinen oder eine nicht angemessene Entlohnung (vgl. Schmidt-Traub und Lex, 2005 zitiert nach Behr, 2015, S. 175). Die Arbeit im Schichtsystem stellt zum Beispiel eine dauerhaft belastende Arbeitsbedingung dar. Der häufig daraus resultierende Spagat, welchen es aufgrund dessen zwischen Beruf und Familie zu bewältigen gilt, kann eine große Herausforderung darstellen und stressverstärkend wirken. Insbesondere für Alleinerziehende kann sich diese Anforderung als besonders große Belastung erweisen (vgl. Behr, 2015, S. 175). Insgesamt ist jedoch festzustellen, dass Berufstätige welche im Schichtsystem arbeiten heute weniger als früher bereit sind, zu Gunsten des Berufes ihre Familie und ihr Privatleben zu vernachlässigen (vgl. Beske, u.a., 2012a, S. 82).

Die Stressoren in der Pflegearbeit, welche im Rahmen des Wartburg-Symposiums herausgearbeitet wurden, decken sich im Wesentlichen mit Studienergebnissen anderer Untersuchungen. Zusammenfassend ist festzustellen, dass mit der Pflegearbeit Anforderungen verbunden sind, welche Stress auslösen und sich zu einer Belastung entwickeln können. Außerdem können sich Stressoren gegenseitig beeinflussen und somit Stressreaktionen verstärken. Wenn die Altenpflegerinnen und Altenpfleger nicht über ausreichende Ressourcen und/oder Bewältigungsstrategien verfügen, um mit dem Stress umgehen zu können, ist die Gefahr groß, dass es zu einer chronischen psychischen Belastung kommt. Dies kann eine körperliche Erschöpfung nach sich ziehen und umfassend die Gesundheit der Pflegekräfte beeinträchtigen. Die Zunahme der Arbeitsunfähigkeit bei Pflegekräften aufgrund psychischer Belastungen, ist ein sichtbares Zeichen für die Relevanz dieser Thematik (vgl. Behr, 2015, S. 175).

Im Folgenden wird unter anderem auf die Entlohnung der Pflegekräfte eingegangen. Wird diese als zu gering wahrgenommen, kann dies, wie bereits beschrieben, einen umweltbezogen Stressor für die Pflegekräfte darstellen.

4.3.2.2 Entlohnung und Anstellungsverhältnis von Pflegekräften

Zu Beginn soll Abbildung 7 veranschaulichen, in welchem Bereich sich das Bruttomonatsgehalt von Altenpflegekräften im Vergleich zu den Gehältern Angehöriger anderer Pflegeberufe bewegt.

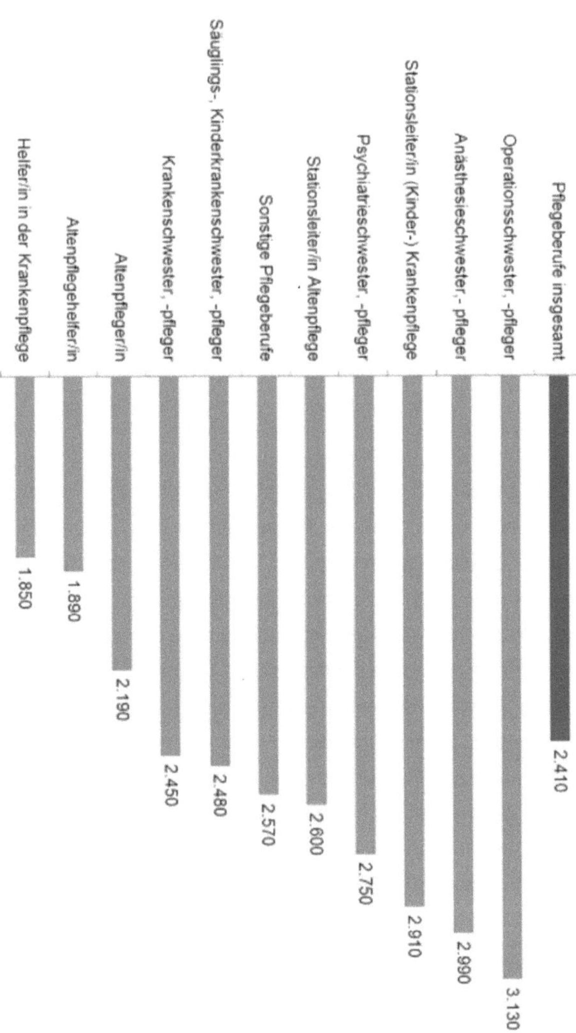

Abbildung 7: Bruttomonatsgehälter von Pflegeberufen, in Euro
Quelle: Bispinck (2013, S. 9), auf Datenbasis des Lohnspiegels

Es ist zu erkennen, dass sich die Bruttomonatsgehälter von Altenpflegerinnen und Altenpflegern sowie Altenpflegehelferinnen und Altenpflegehelfern in diesem Vergleich im unteren Bereich verorten. Lediglich Helferinnen und Helfer in der Krankenpflege verdienen weniger. Relevant für die Höhe des Gehaltes ist, ob tarif- oder nicht-tarifgebundene Löhne gezahlt werden sowie die Zahl der Beschäftigten des Unternehmens (siehe dazu Abbildung 8). Allerdings beziehen sich diese Abbildungen und die konkreten Zahlen auf den Schnitt aller Pflegeberufe. Deshalb kann ein konkreter Gehaltsunterschied zwischen tarifgebunden und nicht-tarifgebunden Löhnen für Altenpflegekräfte speziell nicht abgelesen werden. Wohl aber lässt sich erkennen, dass sich Tarifbindung ‚auszahlt'. Nicht-tarifgebundene Löhne fallen im Vergleich zu tarifgebundenen viel geringer aus.

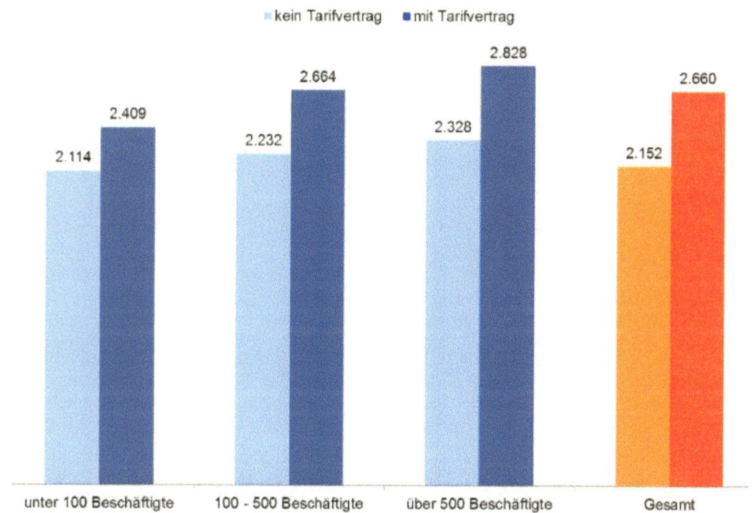

Abbildung 8: Unterschiede des Monatsbruttogehalts von Pflegeberufen, in Euro
Quelle: Bispinck (2013, S. 21), auf Datenbasis des Lohnspiegels

Wie dargestellt, ist es für Altenpflegekräfte finanziell vorteilhafter, wenn die Entlohnung auf den Vorgaben der Tarifverträge basiert. Abbildung 9 zeigt, dass Altenpflegerinnen und Altenpfleger der Gruppe der Gesundheitsberufe zugehörig sind, welche am signifikant seltensten tariflich vergütet wird.

Lediglich 39 Prozent der Altenpflegefachkräfte werden in Deutschland tarifgebunden entlohnt, 61 Prozent hingegen nicht. Damit liegen die Altenpflegekräfte betreffend der tariflichen Entlohnung, weit unter dem Durchschnitt von 60 Prozent im Vergleich aller aufgeführten Pflegeberufe.

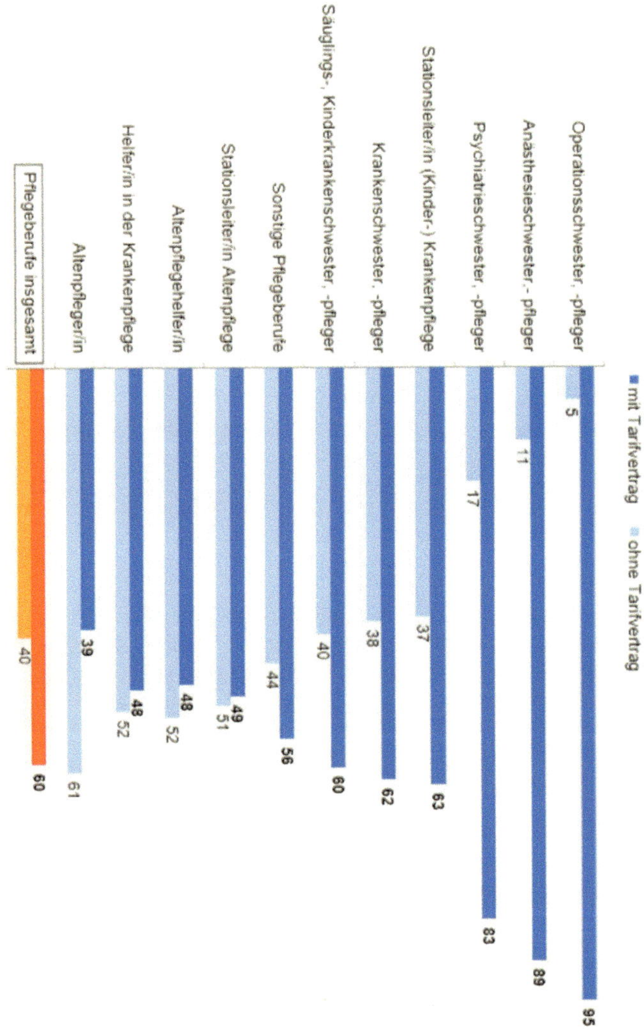

Abbildung 9: Tarifbindung nach Pflegeberuf, in Prozent
Quelle: Bispinck (2013, S. 23)

Zusammenfassend lässt sich unter Betrachtung der Abbildungen 7 bis 9 sagen, dass verglichen mit anderen Berufen im Bereich der Pflege, den Altenpflegekräften, zusammen mit den Helferinnen und Helfern der Krankenpflege, aller Wahrscheinlichkeit nach unter anderem aufgrund der überwiegend nicht-tariflich gebundenen Entlohnung, das geringste monatliche Bruttoeinkommen zur Verfügung steht.

Des Weiteren ist eine überdurchschnittlich häufige Befristung der Beschäftigungsverhältnisse von Altenpflegehelferinnen und Altenpflegehelfern sowie Altenpflegerinnen und Altenpflegern festzustellen, wie Abbildung 10 zeigt.

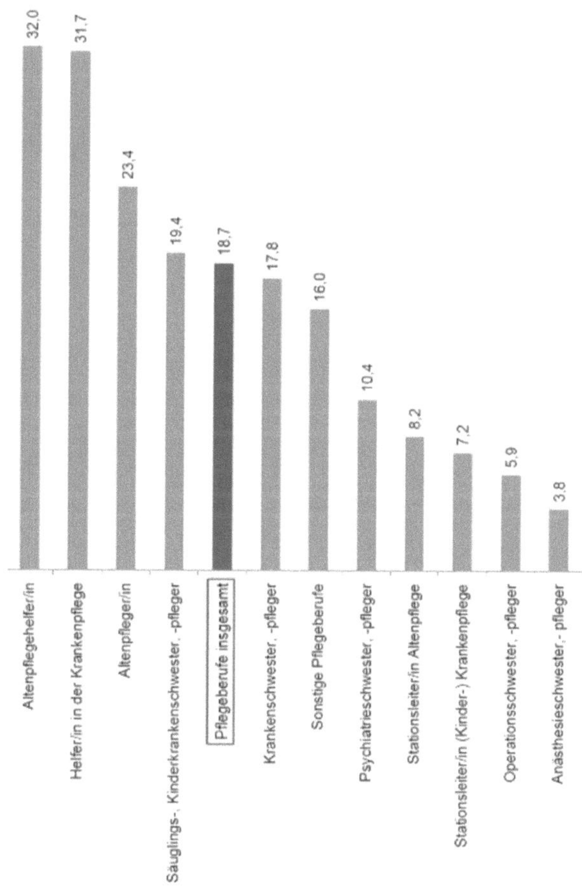

Abbildung 10: befristete Beschäftigungsverhältnisse verschiedener Pflegeberufe, in Prozent
Quelle: Bispinck (2013, S. 14)

Durchschnittlich befinden sich 18,7 Prozent aller Beschäftigten, der oben aufgeführten Pflegeberufe in einem befristeten Arbeitsverhältnis. Mit 32 Prozent liegen die Altenpflegehelferinnen und Altenpflegehelfer und mit 23,4 Prozent die Altenpflegerinnen und Altenpfleger weit darüber. Dies kann bei den Angehörigen dieser Berufsgruppen möglicherweise zu Unzufriedenheit, einhergehend mit Zukunfts- und Existenzängsten, führen.

Die dargestellten Fakten zu den Anstellungsverhältnissen sowie der Entlohnung von Altenpflegekräften sind, nach der Meinung der Autorin dieser Arbeit, sehr bedenklich. Neben der vergleichsweise geringen Entlohnung, befinden sich Altenpflegekräfte überdurchschnittlich häufig in ‚unsicheren Arbeitsverhältnissen', aufgrund von befristeten Beschäftigungsverhältnisse, was sich psychisch belastend auf die Pflegekräfte auswirken kann.

Die Ungleichbehandlung bei der Entlohnung der Altenpflegekräfte, insbesondere gegenüber den Pflegekräften anderer Bereiche, stellt eine große Abwertung ihrer Arbeit, selbst innerhalb der Pflegebranche dar. Dies ist ein Umstand, welcher die Attraktivität des Altenpflegeberufes weiter beeinträchtigen sollte.

4.3.3 Arbeitszufriedenheit der Altenpflegekräfte

Nachdem unter den vorangegangenen Punkten mögliche physische und psychische Belastungen für Pflegekräfte genauer betrachtet wurden, stellt die folgende Abbildung 11 die Arbeitszufriedenheit der Beschäftigten in diversen Pflegeberufen unter verschiedenen Aspekten dar. Unter Punkt 4 wurde bereits auf das Thema der Zufriedenheit der Beschäftigten der Pflegebranche eingegangen, jedoch lediglich unter dem Gesichtspunkt der Arbeitszufriedenheit im Allgemeinen differenziert nach Alter. Hier wird die Arbeitszufriedenheit der Personen welche in einem ‚Pflegeberuf' beschäftigt sind, anhand verschiedener Arbeits- und Rahmenbedingungen im Vergleich zu den ‚Beschäftigten insgesamt' dargestellt.

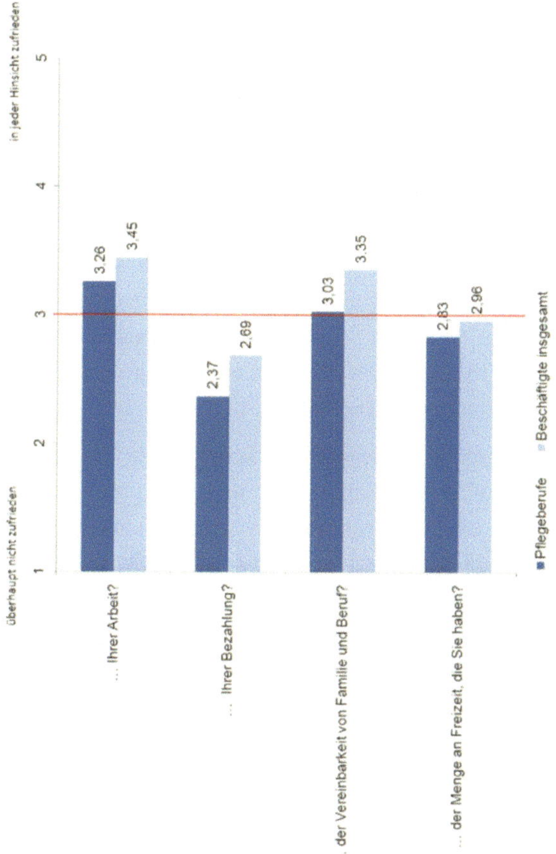

Abbildung 11: Darstellung der Arbeitszufriedenheit anhand verschiedener Aspekte
Quelle: Bispinck (2013, S. 20)

Es lässt sich ablesen, dass die Beschäftigten in ‚Pflegeberufen' bei allen Kategorien weniger zufrieden sind, als die ‚Beschäftigten insgesamt'. Am wenigsten zufrieden sind beide Gruppen mit der Bezahlung, gefolgt von der Unzufriedenheit über die zur Verfügung stehende Menge an Freizeit. Die Zufriedenheit bezüglich dieser beiden Kategorien wurde auf einer Skala von 1 bis 5 (1 = überhaupt nicht zufrieden, 5 = in jeder Hinsicht zufrieden) mit insgesamt jeweils weniger als 3 Punkten beurteilt. Im Gegensatz hierzu verorten sich die Zufriedenheiten mit dem Beruf im Allgemeinen und der Vereinbarkeit von Familie und Beruf bei den Angehörigen von Pflegeberufen, wie auch den ‚Beschäftigten insgesamt' leicht über der Mittelgrenze von 3 Punkten.

Insgesamt zeichnet sich in allen Kategorien bei den Pflegekräften eine größere Unzufriedenheit als bei den ‚Beschäftigten insgesamt' ab.

Bei Untersuchungen wurde festgestellt, dass es einen Unterschied der Zufriedenheit mit der Arbeitssituation zwischen den Beschäftigten in der ambulanten und der stationären Altenpflege gibt. Mit 69,5 Prozent sind die Altenpflegekräfte, welche in der ambulanten Pflege arbeiten zufriedener (vgl. BGW-DAK, 2006 zitiert nach Theobald u.a., 2013, S. 42), als die in der stationären Pflege Beschäftigten mit 50 Prozent (vgl. FFG, 2004 zitiert nach Theobald u.a., 2013, S. 42). Bei den Altenpflegekräften der stationären Pflege wurde zudem eine resignative Zufriedenheit von 29 Prozent erhoben (vgl. FFG, 2004 zitiert nach Theobald u.a., 2013, S. 42). Dies bedeutet, dass die Pflegekräfte die Arbeitssituation mit Aussagen wie ‚Alles könnte schlimmer kommen' bewerteten (vgl. Theobald u.a., 2013, S. 42).

Die relative (Un-)Zufriedenheit der Pflegekräfte mit der Arbeit im Allgemeinen ist hauptsächlich auf die Arbeits- und Rahmenbedingungen zurückzuführen. Dies wird unter anderem daran deutlich, dass nennenswerte Unterschiede bei der Beurteilung der Arbeitszufriedenheit von Altenpflegekräften welche in der ambulanten oder der stationären Pflege beschäftigt sind, vorhanden sind (vgl. Theobald u.a., 2013, S. 42). Scheinbar werden die Arbeitsbedingungen im ambulanten Bereich angenehmer als die in der stationären Pflege wahrgenommen, was sich begünstigend auf die Zufriedenheit der Beschäftigten auswirkt.

4.4 Folgen der Arbeitssituation der Altenpflegekräfte

Wie bereits beschrieben, ist die Zufriedenheit der Beschäftigten in der Pflegebranche, aufgrund von Arbeits- und Rahmenbedingungen, welche sich physisch und psychisch belastend auswirken können, vergleichsweise gering.

Aufgrund dessen ziehen einige Altenpflegekräfte selbstgewählte Konsequenzen, um ihrer derzeitigen Arbeitssituation zu entfliehen, beispielsweise durch die Abwanderung ins Ausland (vgl. Kröhnert, 2013, S. 94 f.). Die überdurchschnittlich hohen Fehlzeiten der Beschäftigten in der Altenpflegebranche sind hingegen nicht selbst gewählt, sondern meist Konsequenzen berufsbedingter Überlastung (vgl. Deutsches Ärzteblatt, 2015). Anschließend wird auf einige Folgen, welche sich aus den Anforderungen an eine Altenpflegekraft ergeben können, näher eingegangen.

4.4.1 Doping am Arbeitsplatz

Es wird vermutet, dass eine hohe Zahl von Pflegekräften Medikamente einnehmen, obwohl keine Erkrankung vorliegt. Dabei handelt es sich beispielsweise um Stimulantien, Antidepressiva und Antidementiva, welche zur Leistungssteigerung am Arbeitsplatz beitragen sollen. Eine konkrete Zahl zu den Missbräuchen liegt nicht vor, jedoch kann davon ausgegangen werden, dass Pflegekräfte häufiger als Beschäftigte anderer Berufszweige Medikamente missbrauchen. Dies hat viele Gründe. Zum einen sind Pflegekräfte im Vergleich zu Beschäftigten anderer Berufsgruppen einer überdurchschnittlichen Belastung bei ihrer Arbeit ausgesetzt und verfügen des Weiteren über ein breites Wissen bezüglich der Wirkung solcher psychoaktiven Medikamente. Ebenso ist ihnen die Möglichkeit eines relativ leichten Zugangs zu den Medikamenten durch den Arbeitsplatz gegeben (vgl. Jansen, 2011, S. 73 f.).

Laut des DAK-Gesundheitsreports 2015, gehören zu den Risikogruppen für Medikamentenmissbrauch, unter anderen Beschäftigte mit unsicheren Jobs (vgl. DAK-Gesundheit, 2015). Wie bereits unter Punkt 4.3.2 beschrieben, befinden sich Altenpflegekräfte überdurchschnittlich häufig in einem befristeten Arbeitsverhältnis (vgl. Bispinck, 2013, S. 14). Dies macht den Job dementsprechend unsicher und lässt die Altenpflegekräfte somit, in die laut DAK-Gesundheitsbericht definierte Risikogruppe, fallen.

Laut der Allgemeinen Hospitalgesellschaft (AHG) kann Medikamentenmissbrauch viele Risiken mit sich bringen und sowohl körperliche wie auch seelische Beeinträchtigungen verursachen – beispielsweise Konzentrationsstörungen, Stimmungsschwankungen, Veränderungen der Persönlichkeit, Depressionen, Ängste, Magenerkrankungen und Organschäden (vgl. AHG, 2015).

Die Arbeits- und Rahmenbedingungen sind höchstwahrscheinlich für den überdurchschnittlich hohen Medikamentenmissbrauch bei Altenpflegekräften verantwortlich. Unter dem Hintergrund der Leistungssteigerung und des Stressabbaus in der Arbeit (vgl. Jansen, 2011, S. 73 f.), ist dieser Missbrauch eine Folge welche langfristig der einzelnen Person schadet (vgl. AHG, 2015) und letztlich auch – durch mögliche Krankheitsausfälle oder schlimmstenfalls der Berufsunfähigkeit von Pflegekräften, den Fachkräftemangel in der Altenpflege begünstigen kann.

4.4.2 Arbeitsunfähigkeitstage

Nicht allein die Erkrankungen in Folge von Medikamentenmissbräuchen führen zu der überdurchschnittlich hohen Anzahl von krankheitsbedingten Fehltagen der Altenpflegekräfte, wie im Folgenden belegt wird.

Laut des wissenschaftlichen Instituts der AOK (WIdO) war 2014 jeder Beschäftigte in Deutschland durchschnittlich 18,9 Tage aufgrund einer ärztlich bescheinigten Arbeitsunfähigkeit nicht arbeitsfähig. Es ist festzustellen, dass die Menge der Fehltage, je nach Berufszweig, unterschiedlich ausfällt. Die Beschäftigten in der Altenpflege weisen, mit im Schnitt 26,7 krankheitsbedingten Fehltagen pro Jahr, einen vergleichsweise hohen Krankenstand auf. Dies ist unter anderem auf die bereits genannten hohen psychischen Belastungen, zurückzuführen (vgl. Deutsches Ärzteblatt, 2015).

Auch innerhalb des Berufszweiges der Pflege lassen sich Unterschiede bezüglich der Häufigkeit von krankheitsbedingten Fehltagen feststellen. Die Häufigkeit von Krankheiten, die mit einer Arbeitsunfähigkeit einhergehen, steigt mit zunehmendem Alter der Pflegekräfte. Auch sind Pflegeassistentinnen und Pflegeassistenten häufiger im Krankenstand als höher qualifizierte Pflegekräfte (vgl. Theobald u.a., 2013, S. 42).

Des Weiteren hat das WIdO festgestellt, dass in der Pflegebranche insbesondere Langzeiterkrankungen, bei welchen die Personen mehr als vier Wochen nicht arbeiten können, dominieren. Mit 24 Prozent stellen Muskel- und Skeletterkrankungen bei den Pflegekräften den häufigsten Grund für einen Arbeitsausfall wegen Arbeitsunfähigkeit dar, gefolgt von psychischen Erkrankungen mit 15 Prozent und Atemwegserkrankungen mit 11 Prozent. Insgesamt ist die Fallzahl der psychischen Erkrankungen in der Pflegebranche (zwischen 2008 und 2010 um circa 10 Prozent) überproportional angestiegen (vgl. AOK-die Gesundheitskasse, 2015b).

Mit diesem Ergebnis lässt sich möglicherweise erklären, warum Pflegeassistentinnen und Pflegeassistenten eine größere Anzahl von Arbeitsunfähigkeitstagen aufweisen als höher qualifizierte Pflegekräfte. Muskel- und Skeletterkrankungen stellen den häufigsten Grund für eine Arbeitsunfähigkeit dar (vgl. AOK-die Gesundheitskasse, 2015b). Diese Erkrankungen sind vorwiegend auf physisch belastende Arbeiten zurückzuführen. Da wie bereits unter Punkt 4.3.1 beschrieben – körperliche Tätigkeiten überwiegend von gering qualifiziertem Pflegepersonal ausgeführt werden (vgl. Estryn-Behar u.a., 2005 zitiert nach Theobald u.a., 2013, S. 41), ist die Wahrscheinlichkeit hoch, dass selbige häufiger als höherqualifizierte Pflegekräfte an Muskel- und Skeletterkrankungen leiden. Dies lässt die Behauptung zu, dass entsprechend gering qualifiziertes Pflegepersonal, aufgrund der hohen physischen Belastungen im Arbeitsalltag, häufiger von krankheitsbedingter Arbeitsunfähigkeit als höher qualifizierte Pflegekräfte betroffen ist.

Die ohnehin hohe Anzahl von Arbeitsunfähigkeitstagen (vgl. Deutsches Ärzteblatt, 2015) sowie der Anstieg psychischer Erkrankungen und die sich daraus ergebende weitere Zunahme der krankheitsbedingten Fehltage von Pflegepersonal (vgl. AOK-die Gesundheitskasse, 2015b), können den Fachkräftemangel in mehrerlei Hinsicht verschärfen. Zum einen fehlen dadurch immer mehr Altenpflegekräfte bei der täglichen Arbeit, zum andern muss die Arbeitsleistung der fehlenden Pflegekräfte durch die Pflegekräfte kompensiert werden, welche sich nicht im Krankenstand befinden. Diese zusätzliche Arbeit kann sich belastend auf die Altenpflegekräfte auswirken und schlimmstenfalls die Entstehung von Krankheiten begünstigen.

Diesem Teufelskreis Herr zu werden und ihn zu durchbrechen, ist eine Herausforderung, bei welcher es viele Aspekte zu beachten gilt. Angesichts der Personalentwicklung, dem derzeitigen sowie prognostizierten Fachkräftemangel in der Altenpflegebranche, sind Interventionen überfällig. Mögliche Maßnahmen, welche dem hohen Krankenstand von Altenpflegekräften entgegen wirken können, werden unter Punkt 5 diskutiert.

4.4.3 Berufsausstieg

Im Rahmen der international vergleichenden nurses' early exit study (NEXT-Studie)[8], an welcher in Deutschland 3.565 Pflegekräfte teilnahmen, wurden die Teilnehmerinnen und Teilnehmer unter anderem dazu befragt, wie häufig sie über einen Berufsausstieg nachdenken würden. Bei den Befragten handelte es sich um Pflegekräfte von Krankenhäusern, Altenpflegeheimen und ambulanten Pflegediensten. Insgesamt dachten 47,3 Prozent nie, 34,3 Prozent mehrmals im Jahr, 10 Prozent mehrmals im Monat, 5,5 Prozent mehrmals wöchentlich und 3 Prozent der Pflegekräfte mehrmals täglich darüber nach, aus dem Beruf auszusteigen. Jüngeres Pflegepersonal erwog insgesamt häufiger (am stärksten ist der Wunsch im zweiten und vierten Jahr nach Beendigung der Ausbildung) als ältere Pflegekräfte einen

---

[8] „Die NEXT-Studie – Nurses Early Exit Study, eine von der Europäischen Kommission geförderte quantitative Längsschnittstudie, untersucht länderübergreifend in 10 Ländern Europas (Polen, Niederlande, Deutschland, Slowakei, Schweden, Belgien, Frankreich, Italien, Großbritannien, Finnland) die Arbeitsbedingungen und die Arbeitsmotivation in der professionellen Pflege (...)" (Lautenbach, 2005)

Ausstieg. Insgesamt hat sich ergeben, dass 19,1 Prozent der Pflegenden in Krankenhäusern, 15,6 Prozent in Pflegeheimen und 10,8 Prozent der Pflegekräfte in ambulanten Pflegediensten den Ausstieg oft in Erwägung ziehen. Auch zeichnete sich ab, dass der Ausstiegswunsch von der konkreten Einrichtung, in welcher die Pflegekräfte beschäftigt sind, abhängen kann. Es zeigte sich, dass Beschäftige in Einrichtungen, in welchen die Arbeitszufriedenheit, Führungsqualität und die Qualität der zwischenmenschlichen Beziehungen vergleichsweise positiver als in anderen Einrichtungen bewertet werden, weniger häufig den Berufsausstieg erwägen, als Beschäftige in Einrichtungen bei denen diese Aspekte negativer bewertet werden. Neben diesen Faktoren, welche den Wunsch nach einem Berufsausstieg positiv oder negative beeinflussen können, wurde weiter herausgefunden, dass Pflegekräfte die von einem Burnout betroffen sind, einen endgültigen Ausstieg aus dem Pflegeberuf häufig in Erwägung ziehen (vgl. Hasselhorn u.a., 2005, S. 137-143).

Die Tendenz sich frühverrenten zu lassen, sowie die Zahl der tatsächlichen Frühverrentungen im Pflegebereich sind überdurchschnittlich hoch. Im Rahmen der NEXT-Studie wurde erhoben, dass 32,3 Prozent der Beschäftigten in Gesundheitsberufen frühverrentet werden. Der Arbeitsmarktdurchschnitt liegt bei 17,4 Prozent (vgl. Bödeker u.a., 2006 zitiert nach Theobald u.a., 2013, S. 48).

Zusammenfassend lässt die NEXT-Studie den Rückschluss zu, dass die Beschäftigten in der Pflegebrache, trotz dessen dass einige häufig über einen Berufsausstieg nachdenken, größtenteils (über 80 Prozent) eine Bindung an ihren Beruf haben. Knapp 19 Prozent der Pflegekräfte insgesamt erwägen intensiv den Berufsausstieg (mehrmals monatlich, wöchentlich oder täglich). Hierbei lassen sich zwei Gruppen unterscheiden: zum einen die Gruppe der ‚motivierten‘ (gut ausgebildet und jung) und zum anderen der ‚resignierten‘ (erschöpft, schlechter Gesundheitszustand) Pflegekräfte (vgl. Hasselhorn u.a., 2005, S. 144).

Das Wissen um diese beiden Gruppen ist insofern vorteilhaft, dass es die Möglichkeit bietet die konkreten Bedürfnisse der jeweiligen Gruppen zu analysieren. Bestenfalls können Möglichkeiten gefunden werden den Beruf auch für Pflegekräfte dieser Gruppen (wieder) attraktiv zu machen. Möglicherweise kann somit ihr Wunsch nach einem Berufsausstieg abgewendet werden.

Des Weiteren hat die NEXT-Studie gezeigt, dass die Attraktivität der Einrichtung, in welcher die Pflegekräfte beschäftigt sind, Einfluss auf Erwägungen bezüglich des Berufsausstieges haben kann (vgl. Hasselhorn u.a., 2005, S. 140). Auch dies ist eine Erkenntnis, mit welcher insofern gearbeitet werden kann, als dass Einrichtungen mit diesem Wissen die Arbeitsbedingungen zu Gunsten der Pflegekräfte anpassen können. Dies wäre ein Beitrag der Einrichtung, um zum einen das eigene Personal zu halten, wie auch zur Entschärfung des Fachkräftemangels im Allgemeinen beizutragen.

4.4.4 Abwanderung von Fachpersonal

Auf Datengrundlage des Statistischen Bundesamtes (2010) ist laut Kröhnert davon auszugehen, dass seit 2008 mehr Menschen aus Deutschland abwandern, als dass es Zuwanderer gibt. Es zieht immer mehr Deutsche mit guter bis sehr guter Qualifikation in wirtschaftlich attraktivere Länder, beispielsweise die Schweiz, Österreich, Großbritannien und die USA. Dabei handelt es sich auch um Pflegepersonal (vgl. Kröhnert, 2013, S. 94 f.). Der internationale Wettbewerb um qualifizierte Fachkräfte nimmt immer weiter zu. Anders als in der Schweiz und Kanada, wo Hochqualifizierte die größte Gruppe der Einwanderer darstellen, hat Deutschland geringqualifizierte Personen als größte Einwanderungsgruppe zu verzeichnen (vgl. Boeri, 2008 zitiert nach Kröhnert, 2013, S. 95).

Durch das Abwandern von Pflegekräften und der daraus resultierenden Schmälerung der Zahl vorhandener Pflegekräfte in Deutschland, spitzt sich der Fachkräftemangel in der Altenpflege sowie in anderen Branchen weiter zu. Wenn die Arbeitsbedingungen in Deutschland angepasst und auch international attraktiver würden, könnten höchstwahrscheinlich mehr Fachkräfte im Land gehalten sowie gut und sehr gut qualifizierte Fachkräfte aus dem Ausland zur Zuwanderung nach Deutschland bewegt werden.

Unzureichende Arbeits- und Rahmenbedingungen in der Altenpflegearbeit können belastend auf das Personal wirken und weitreichende Folgen wie: Doping am Arbeitsplatz oder der Abwanderung von Fachpersonal nach sich ziehen. Eine Belastungssituation für einen Menschen entsteht in der Regel nicht durch das Vorhandensein eines einzigen Belastungsfaktors, sondern aus der Korrelation unterschiedlicher (vgl. Behr, 2015, S. 167). Wenn die Arbeits- und Rahmenbedingungen in der Pflegearbeit insgesamt zu viele Belastungsfaktoren für die Pflegekraft bergen, diese als zu lang anhaltend und/oder ohne eine absehbare Besserung wahrgenommen werden, dann ist es naheliegend, dass das Individuum Möglichkeiten sucht, oder von Seiten des Körpers dazu gezwungen wird, sich der belastenden Situation zu entziehen. Grundsätzlich sollte bei den Überlegungen, wie dem Fachkräftemangel begegnet werden kann, entsprechend der Fokus auf den Ursachen – nämlich den Arbeits- und Rahmenbedingungen liegen. Wenn diese ausreichend angepasst werden, können die exemplarisch unter Punkt 4.4 beschrieben Folgen, minimiert und so der Fachkräftemangel entschärft werden.

4.5 Demographische Entwicklung in Deutschland

Neben den bereits beschriebenen Ursachen, welche den Fachkräftemangel in der Altenpflege in Deutschland begünstigen können, hat auch die demographische Entwicklung Deutschlands einen entscheidenden Einfluss auf die alarmierende Personalentwicklung im Pflegebereich.

Die niedrigen Geburtenzahlen in Deutschland, in Verbindung mit der steigenden Lebenserwartung der Bevölkerung, verschieben die Altersstruktur drastisch. Demzufolge nimmt die Zahl der versicherungspflichtigen Arbeitnehmerinnen und Arbeitnehmer vergleichsweise ab, die Zahl der Rentnerinnen und Rentner entsprechend zu (vgl. Beske u.a., 2012b, S. 21).

Bei der Betrachtung der Prognose zur Personalentwicklung in der Altenpflege (siehe dazu Punkt 3) sowie der vorausgesagten Entwicklung der Zahl der Pflegebedürftigen (siehe dazu Punkt 2.2), lässt sich eine zunehmende Diskrepanz zwischen zu Pflegenden und dem vorhandenem Pflegepersonal feststellen. Demzufolge ist es offensichtlich, dass unter anderem die demographische Entwicklung in Deutschland den Fachkräftemangel, insbesondere in der Pflegebranche, entscheidend nachteilig beeinflusst.

5 Maßnahmen um dem Fachkräftemangel entgegenzuwirken

Die Ursachen welche den Fachkräftemangel in der Altenpflege bedingen können, sind, wie sich im Verlauf der vorliegenden Arbeit herausgestellt hat, sehr vielfältig. Das bietet insofern eine große Chance, als dass es eine Bandbreite an Ansatzpunkten für Maßnahmen zum Entgegenwirken gibt.

Nachfolgend werden den Maßnahmen mit welchen dem Fachkräftemangel begegnet werden kann zwei Überkategorien zugeordnet. Zum einen werden allgemeine, zum anderen Maßnahmen speziell gegen den Fachkräftemangel in der Altenpflege vorgestellt. Insgesamt sollen im Rahmen dieser Arbeit lediglich eine Auswahl möglicher Maßnahmen aufgezeigt und einige Beispiele exemplarisch ausgeführt werden.

5.1 Allgemeine Ansätze gegen den Fachkräftemangel

Um dem Fachkräftemangel möglichst erfolgreich begegnen zu können, ist es notwendig, dass jede gesellschaftliche Gruppe ihren Beitrag hierzu leistet. Dies bekräftigte die Bundesregierung mit ihrem Fachkräftekonzept aus dem Jahr 2011. Darin werden von der Bundesregierung fünf Wege aufgezeigt, um einerseits das Potenzial der inländischen Fachkräfte optimal ausnutzen zu können und andererseits durch gezielte Maßnahmen die Zuwanderungspolitik zu verbessern, um qualifizierte Fachkräfte aus dem Ausland zu gewinnen. Als zentral werden zum einen die Aktivierung Arbeitsloser, die Beschäftigungssicherung Älterer und die Förderung leistungsmäßig schwächerer Jugendlicher angesehen. Des Weiteren sollen die Möglichkeiten zur Verbesserung der Vereinbarkeit von Beruf und Familie ausgebaut werden. Auch legt die Bundesregierung im Rahmen des Fachkräftekonzepts auf die (Weiter-)Entwicklung von Aus- und Weiterbildungsmöglichkeiten in den Unternehmen und die Integration ausländischer Fachkräfte besonderes Augenmerk und sieht Handlungsbedarf (vgl. Stahl, 2013, S. 252).

Im Rahmen des Fachkräftekonzepts der Bundesregierung werden konkrete Maßnahmen zur Erreichung gesteckter Ziele erarbeitet und umgesetzt, welche anhand von Fortschrittsberichten überprüft und weiterentwickelt werden. Im Fortschrittsbericht 2014 wurden die Schwerpunktthemen: der Wiedereinstieg und die Arbeitszeit von Frauen sowie die Integration von Migrantinnen und Migranten in den Arbeitsmarkt gewählt, auf welchen in dem Jahr der Fokus der Weiterentwicklungsarbeit des Fachkräftekonzepts lag (vgl. Bundesministerium für Arbeit und Soziales, 2014, S. 14). Da Frauen oft gut ausgebildet sind, ihre Erwerbstätigkeit aber häufig zugunsten der Familienaufgaben einschränken oder ganz aufgeben, sieht die Bundesregierung ein hohes Potential für die Fachkräftesicherung darin, den Wiedereinstieg in das Berufsleben von Müttern nach der Babypause zu vereinfachen. Auch bedarf es Maßnahmen welche eine leichtere Vereinbarkeit von Beruf und Familie unterstützen. Mit der Einführung des ‚Elterngeldes' und dem Ausbau der Kinderbetreuung wurden von Seiten der Regierung bereits Schritte auf diese Zielgruppe zu getan. Laut des Fortschrittsberichts 2014 ist die Anzahl der Mütter, welche bereits mit kleinen Kindern früher in den Beruf zurückkehren gestiegen, was die Wirksamkeit dieser Maßnahmen bestätigt. Des Weiteren bietet die Einführung des ‚Elterngeldes Plus' zum 1. Juli 2015 Eltern die Möglichkeit, ohne finanzielle Einbußen wie bisher, einer Teilzeittätigkeit während des Elterngeldbezugs nachzugehen. Die Neuregelungen zur Elternzeit, welche beispielsweise die Möglichkeit der Aufteilung der Elternzeit in drei Zeitabschnitte beinhaltet, ermöglichen den Eltern zudem insgesamt mehr Flexibilität und können somit den Wiedereinstieg ins Berufsleben erleichtern (vgl. Bundesministerium für Arbeit und Soziales, 2014, S. 18 ff.).

Begleitend und ergänzend zum Fachkräftekonzept bietet das Bundesministerium für Wirtschaft und Energie, das Bundesministerium für Arbeit und Soziales sowie die Bundesagentur für Arbeit die ‚Fachkräfte-Offensive' an, welche eine zielgruppenorientierte Bündelungen von Informationen, die Fachkräftesicherung betreffend, für in- und ausländische Interessentinnen und Interessenten bietet. Durch unter anderem eine Wanderausstellung, Internetportale, Anzeigen in der Fachpresse und Werbebannern wird auf die ‚Fachkräfte-Offensive' aufmerksam gemacht. Beispielsweise soll es ausländischen Fachkräften somit ermöglicht werden, sich leichter über das Arbeiten und Leben in Deutschland zu informieren, indem relevante Angebote, Projekte und Programme über ein eigens dafür angelegtes Internetportal für die Zielgruppe leichter zu finden sind (vgl. Bundesministerium für Arbeit und Soziales, 2014, S. 15).

Im Ausland erworbene Berufsabschlüsse werden in Deutschland, wenn die Gleichwertigkeit der Qualifikation, sowie ausreichende Sprachkenntnisse der Person festgestellt werden, anerkannt. Mit dem Erlassen des Berufsqualifikationsfeststellungsgesetzes wurde ein wichtiger Schritt getan, um das Verfahren zu vereinfachen. Problematisch ist aber dennoch, dass die Anerkennung durch das jeweilige Bundesland erfolgt und die zuständigen Verwaltungen in der Umsetzung des Gesetzes unterschiedlich und teilweise noch unzureichend arbeiten. Des Weiteren sind die Möglichkeiten für ausländische Arbeiterinnen und Arbeiter Teilqualifikationen nachzuholen, um in Deutschland einen anerkannten Berufsabschluss nachgewiesen zu bekommen, ausbaufähig und verbesserungswürdig (Bundesarbeitsgemeinschaft der Freien Wohlfahrtspflege, 2015, S. 11).

Diese aufgezeigten Maßnahmen spiegeln einige der Initiativen, welche von Seiten der Bundesregierung bezüglich des Entgegenwirkens des Fachkräftemangels bereits umgesetzt wurden. Wichtig ist es, diese auf ihre Wirksamkeit hin zu überprüfen und gegebenenfalls entsprechend anzupassen, weiterzuentwickeln oder einzustellen – was durch die Fortschrittsberichte in regelmäßigen Abständen getan wird.

Auf bedeutende Ereignisse und Veränderungen, wie beispielsweise aktuell der Aufnahme zahlreicher Flüchtlinge in Deutschland, gilt es der Meinung der Autorin dieser Arbeit zufolge, schnell zu reagieren, mögliche Potenziale im Hinblick auf den Fachkräftemangel zu erkennen und dementsprechende Maßnahmen einzuleiten. Möglicherweise kann durch die Integration der Flüchtlinge in den deutschen Arbeitsmarkt ein Fachkräfteloch geschlossen und/oder verhindert werden.

Eine genaue Aussage, inwiefern Flüchtlinge eine Chance für den Fachkräftemarkt Deutschlands darstellen können, kann derzeit jedoch nicht getroffen werden, da kaum Zahlen zum Qualifikationsgrad der Flüchtlinge vorliegen (vgl. Osten, 2015). Eine weitere Möglichkeit dem Fachkräftemangel entgegenwirken zu können, kann das verstärkte Ausbilden leistungsmäßig schwächerer Jugendlicher sein. Dies wird von einigen Unternehmen bereits umgesetzt, indem sich Jugendliche ohne für eine Ausbildung ausreichenden Schulabschluss mit vorgeschalteten Qualifizierungen verbessern und ihre Ausbildungsreife erreichen können. Auch durch die Bundesregierung wird im Rahmen des ‚Einstiegsqualifizierungs-Programms‘ diesen Jugendlichen die Möglichkeit gegeben, ihren Schulabschluss aufzuwerten und damit die Chance zu gewinnen, eine reguläre Ausbildung antreten zu dürfen (vgl. Stahl, 2013, S. 254 f.).

Neben den beschriebenen Jugendlichen sollten auch Personen, welche in höherem Alter eine Zweitausbildung anstreben, besser unterstützt werden.

Laut der Bundesarbeitsgemeinschaft der Freien Wohlfahrtspflege ist eine Zweitausbildung in einem sozialen Beruf (oft in der Altenpflege) insbesondere für Personen, welche zum Beispiel durch die Erziehung eigener Kinder oder die Pflege von Angehörigen mit der Pflegearbeit in Berührung gekommen sind, interessant. Besonders diese Umschüler weisen einen durchschnittlich hohen Berufsverbleib auf. Problematisch ist jedoch häufig die Finanzierung dieser Ausbildungszeit, da der Anspruch auf Geldleistungen gemäß dem Bundesausbildungsförderungsgesetz, mit dem dreißigsten Lebensjahr sowie wenn bereits eine Ausbildung absolviert wurde, erlischt. Dementsprechend kann diese Personengruppe, häufig aus finanziellen Gründen, keine solche Ausbildung antreten (vgl. Bundesarbeitsgemeinschaft der Freien Wohlfahrtspflege, 2015, S. 7).

Die Aufgabe der Politik muss es sein, die finanzielle Absicherung derer, welche eine solche Umschulung absolvieren wollen, sicherzustellen. Dies kann die Chancen erhöhen, dass mehr Personen als bisher diesen Weg gehen und somit dazu beitragen, dass die Zahl an Fachkräften in der Pflegebranche wächst.

Zusammenfassend ist festzustellen, dass das Thema des Fachkräftemangels in Deutschland, wahr- und ernstgenommen wird. Zahlreiche konkrete Maßnahmen, welche an verschiedenen Stellen ansetzen, werden bereits umgesetzt. Diese sind weiter ausbaufähig und verbesserungswürdig. Wie bereits ausgeführt, müssen beispielsweise die Berufsanerkennungsverfahren ausländischer Fachkräfte einheitlicher und schneller geregelt werden. Auch können, nach der Meinung der Autorin der Arbeit, die Möglichkeiten, welche zu einer leichteren Vereinbarkeit von Beruf und Familie führen sollen, ausgebaut werden. Bessere Wiedereinstiegsmöglichkeiten nach der Babypause, an die individuelle Situation angepasste Arbeitszeitmodelle, der Ausbau von (Ganztags-)Betreuungsangeboten für die Kinder sowie die Möglichkeit in der Ferienzeit unbezahlten Urlaub nehmen zu können, sind nur einige Ideen um die Vereinbarkeit von Beruf und Familie weiter zu erleichtern. Die Qualifizierung von leistungsmäßig schwächeren Jugendlichen und somit die Möglichkeit sie zu Fachkräften ausbilden zu können wird teilweise durch staatliches, aber auch betriebliches Engagement gefördert. Hier könnten beispielsweise Betriebe von staatlicher Seite dazu verpflichtet werden, sich an derartigen Programmen zu beteiligen.

Um dem Fachkräftemangel zu begegnen, ist des Weiteren – rein rechnerisch – die Erhöhung des Renteneintrittsalters möglich. In der Realität ist allerdings nicht davon auszugehen, dass diese Maßnahme gewinnbringend wäre. Überdurchschnittlich selten wird, laut Ergebnissen der NEXT-Studie, von Pflegekräften selbst angenommen, dass sie überhaupt bis ins Renteneintrittsalter erwerbsfähig sein können (vgl. Fuchs, 2011 zitiert nach Theobald u.a., 2013, S. 48). Eine Erhöhung des Renteneintrittsalters und der damit erhoffte längere Verbleib im Beruf, wird für die meisten Pflegekräfte sowohl physisch, wie auch psychisch nicht möglich sein. Auch weisen die unter Punkt 4.4.3 thematisierten überdurchschnittlich häufig vorkommenden Frühverrentungen der Pflegekräfte darauf hin, dass wenn möglichst viele Pflegekräfte bis zum regulären Renteneintrittsalter erwerbsfähig bleiben, dies allein bereits einen großen Gewinn für die Branche darstellt.

Nach diesem Überblick über die allgemeinen, werden im Anschluss Maßnahmen vorgestellt, welche speziell dem Fachkräftemangel in der Altenpflege entgegenwirken können.

5.2 Maßnahmen speziell gegen den Fachkräftemangel in der Altenpflege

Wie bereits unter Punkt 4.3 beschrieben, kann die Arbeit in der Altenpflege physische und psychische Belastungen für das Pflegepersonal mit sich bringen, was sich ungünstig auf die Arbeitszufriedenheit der Beschäftigten auswirkt und das Entstehen von Krankheiten zur Folge haben kann. Ebenso können der frühzeitige Berufsausstieg oder die Abwanderung von Altenpflegekräften in andere Länder Folgen der unbefriedigenden Arbeits- und Rahmenbedingungen sein. Um dem Fachkräftemangel entgegenzuwirken, liegt es aufgrund dessen nahe, diese Bedingungen zu verbessern und somit die Arbeitsbelastungen der Pflegekräfte zu minimieren. Einige konkrete Maßnahmen wurden diesbezüglich bereits mittels Gesetz umgesetzt. Besonders die Arbeitsverdichtung führt, wie unter Punkt 4.3.2 beschrieben, zu einem enormen Zeitdruck in der Pflegearbeit. Deshalb ist es notwendig die Arbeitsdichte zu minimieren, sowie die Gesamtarbeitsbelastung zu begrenzen. Dies kann beispielsweise durch die Aufteilung der vorhandenen Aufgaben auf mehr Personal sowie eine stringentere Organisation der Arbeit geschehen (vgl. Beske u.a., 2012a, S. 73).

5.2.1 Personalpolitik

Personalpolitisch wurden bereits Maßnahmen getroffen um einen Beitrag zu Verringerung der Arbeitsdichte zu leisten. Wie unter Punkt 4.2.2 ausgeführt, bildet das Zweite Pflegestärkungsgesetz die Grundlage dafür, dass die Personalschlüssel in Zukunft an den tatsächlich zu absolvierenden Arbeitsumfang angepasst werden (vgl. Bundesministerium für Gesundheit, 2015a). Nach dieser Anpassung sollte für jede Altenpflegekraft die Menge der Arbeit angemessen und insgesamt mit weniger Belastungen einhergehend zu bewältigen sein.

5.2.2 Entbürokratisierung

Um den unter Punkt 4.2.1 beschriebenen zunehmenden, ressourcenraubenden und vor allem vom Pflegekernprozess ablenkenden Dokumentationsaufwand zu verschlanken, unterstützt das Bundesministerium für Gesundheit ein Projekt zum Bürokratieabbau. Es wurde ein Konzept zur Reduzierung der Pflegedokumentation auf ein erforderliches Maß und unter dem Aspekt der Praxistauglichkeit erarbeitet und bereits in sechzig ambulanten und stationären Pflegeeinrichtungen erprobt. Die Praxistests zeigten einen großen pflegepraktischen Nutzen des neuen Modells sowie die Akzeptanz des Pflegepersonals. Ein Projektbüro, welches die bundesweite Koordination des Projektes übernimmt und die erforderlichen Informations- und Schulungsmaterialien bereitstellt, wurde eingerichtet. Des Weiteren hat das Projektbüro die Aufgabe in enger Zusammenarbeit mit der Bundesgemeinschaft der Freien Wohlfahrtspflege sowie dem Bundesverband privater sozialer Dienste, ambulante und stationäre Pflegeeinrichtungen bei der Umsetzung der neuen Pflegedokumentation zu unterstützen. Daneben werden Schulungen zum Experten des vereinfachten Dokumentationskonzepts, welche in den Einrichtungen vor Ort als Ansprechpartner zum Projekt fungieren, durchgeführt. Die medizinischen Dienste tragen das Projekt ohne Vorbehalte mit und haben bereits sämtliche ihrer Prüfer zum neuen Modell geschult. Zwischen Mai und Juni 2015 wurde das Projekt vorgestellt und bei Pflegeeinrichtungen beworben. Ziel ist die bundesweite Etablierung des vereinfachten Dokumentationskonzepts in Pflegeeinrichtungen (vgl. Bundesministerium für Gesundheit, 2015b).

Mit der Umsetzung dieses Konzepts können bei der zukünftigen Dokumentationsarbeit zeitliche und personelle Ressourcen gespart werden. Werden die gewonnenen Ressourcen nicht in zusätzliche neue Aufgaben investiert, stellt dies einen großen Schritt in Richtung der Minimierung der Arbeitsdichte dar. Nun gilt es, den Erfolg und die Praxistauglichkeit des Modells langfristig zu beobachten und gegebenenfalls Anpassungen vorzunehmen. Auch müssen weitere Pflegeeinrichtungen dafür gewonnen werden dieses Projekt umzusetzen, damit in Zukunft mehr Pflegepersonal von der vereinfachten Dokumentation profitieren kann. Wünschenswert ist es, dass die Arbeitszufriedenheit der Altenpflegekräfte durch die Reduzierung des bisher zeitaufwändigen und teilweise als belastend wahrgenommenen Faktors der Dokumentationsarbeit steigt.

5.2.3 Abgestufte professionelle Versorgung

Eine weitere Reduzierung der Arbeitsdichte und des damit einhergehenden Zeitdrucks für Altenpflegefachkräfte könnte eine abgestufte professionelle Versorgung mit sich bringen. Gemeint ist damit, dass Fachkräfte von Arbeiten entlastet werden sollen, welche durch geringqualifizierteres Personal, beispielsweise Pflegeassistentinnen und Pflegeassistenten ausgeführt werden können. Hierzu ist der weitere Ausbau der Pflegeassistenzberufe erforderlich (vgl. Beske, 2011, S. 49 f.).

Durch die Vielzahl der Assistenzberufe in der Pflege, deren Ausbildung auf Länderebene geregelt ist, ist dieser Berufszweig insgesamt schwer überschaubar. Unter anderem die Art und Dauer der Ausbildungen sowie die durch die Ausbildung erworbenen Qualifikationen variieren. Es wäre sinnvoll, die Berufsausbildung aller Pflegeassistentinnen und Pflegeassistenten zu vereinheitlichen, damit sie in Zukunft genauso flexibel wie die Pflegefachkräfte eingesetzt werden können (vgl. Beske u.a., 2012a, S. 65 ff.).

Dies würde auch bei der Aufgabendelegation von Pflegefachpersonal an Pflegeassistentinnen oder Pflegeassistenten Erleichterung bringen, da in dem Fall bei allen Assistenzkräften von der gleichen Qualifikation und damit einhergehend gleichen Fachkompetenzen ausgegangen werden kann. Dementsprechend wäre es nicht mehr notwendig stets individuell Kompetenzen erfragen zu müssen. Dies könnte die Zusammenarbeit erleichtern und eine Zeitersparnis mit sich bringen würde.

Im öffentlichen Diskurs findet aktuell die Debatte um eine mögliche Absenkung der Fachkraftquote[9] in stationären Pflegeeinrichtungen statt. Zum einen soll damit auf den zunehmenden Mangel an Pflegefachpersonal reagiert, zum anderen die Personalkosten der Einrichtungen reduziert werden (vgl. Deutscher Berufsverband für Pflegeberufe e.V., 2014).

Im Rahmen einer Absenkung der Fachkraftquote würden dementsprechend mehr Pflegeassistentinnen und Pflegeassistenten benötigt, um den Arbeitsumfang zu bewältigen. Insgesamt würden die Anforderungen an die Assistenzkräfte in der Altenpflegearbeit steigen, was eine einheitliche Ausbildung und damit einhergehend die Möglichkeit diese Kräfte flexible einsetzen zu können, unumgänglich macht.

Eine Absenkung der Fachkraftquote in der stationären Altenpflege ist eine Möglichkeit dem Fachkräftemangel zu begegnen. Inwieweit dadurch jedoch beispielsweise die Qualität der Arbeit beeinträchtigt wird sollte kritisch hinterfragt werden.

Neben den bereits ausgeführten Möglichkeiten zur Entzerrung der Arbeitsdichte, können auch andere Faktoren die Arbeitszufriedenheit der Beschäftigten erhöhen. Studien haben zum Beispiel ergeben, dass die Zufriedenheit steigt, wenn Autonomie und damit Selbstkontrolle über eine Tätigkeit steigen. Deshalb werden in

---

[9] „Die Fachkraftquote in der stationären Altenpflege definiert den prozentualen Anteil an pflegerisch qualifizierten Mitarbeitern mit mindestens 3-jähriger Ausbildung. Sie ist Bestandteil des Heimgesetzes und wird auf Länderebene unterschiedlich ausdifferenziert." (Deutscher Bundesverband für Pflegeberufe e.V., 2011)

einigen Einrichtungen Pflegekräfte beispielsweise durch strukturelles Empowerment[10] zur Inanspruchnahme ihres Mitspracherechtes, sowie zur Übernahme von Verantwortung bei der Arbeit ermutigt (vgl. Tewes, 2014, S. 216 f.).

Um der Verantwortung, welche beispielsweise das Treffen autonomer Entscheidungen mit sich bringt, gerecht zu werden, ist das Vorhandensein und die Inanspruchnahme von Möglichkeiten zur Aus-, Fort- und Weiterbildung für das Pflegepersonal zwingend erforderlich.

5.2.4 Aus-, Fort- und Weiterbildung

Bezüglich der Ausbildung des Pflegefachpersonals wurde bereits unter Punkt 3 auf die generalistische Pflegeausbildung, welche in Deutschland etabliert werden soll, eingegangen. Diese neue Form der Ausbildung soll unter anderem zur Steigerung der Attraktivität des Berufsbildes beitragen. Somit erhöht sich einerseits die Chance Nachwuchskräfte für die Pflegefachausbildung zu gewinnen, andererseits bietet diese Ausbildung den Absolventinnen und Absolventen die Möglichkeit sich innerhalb des Berufes leichter umzuorientieren. Möglicherweise kann durch die Chance branchenintern das Arbeitsfeld wechseln zu können, der Berufsausstieg einiger Pflegekräfte verhindert werden (vgl. Ott, 2014, S. 34).

Mit dem Angebot der betrieblichen Aus- und Fortbildung werden viele verschiedene Ziele verfolgt. Zum Beispiel kann den Beschäftigten Sicherheit gegeben werden, indem sie sich Fach- und Spezialwissen aneignen können, um den Arbeitsanforderungen gerecht zu werden (vgl. Stopp, 2006, S. 246). Dies ist ein sehr wichtiger Aspekt, da sich wie unter Punkt 4.3.2 beschrieben, das Gefühl des ‚sich den Aufgaben nicht gewachsen Fühlens‘, zu Angstgefühlen führen und das Auftreten von Fehlern begünstigen kann (vgl. Behr, 2015, S. 171).

Des Weiteren ist der Ausbau bedarfsgerechter Weiterbildungsmöglichkeiten in Betrieben eines der wichtigsten Instrumente, um dem Fachkräftemangel zu begegnen. Den Gewinn benötigter Fachkräfte durch betriebliche Weiterbildung

---

10 Empowerment: „*Begriff*: engl. für *Bevollmächtigung;* in den USA gebräuchliche Bezeichnung für vom Management initiierte Maßnahmen, die die Autonomie und Mitbestimmungsmöglichkeiten von Mitarbeitern rund um ihren Arbeitsplatz erweitern. Empowerment bezeichnet somit die Weitergabe von Entscheidungsbefugnissen und Verantwortung durch Vorgesetzte an Mitarbeiter. Empowerment konkretisiert sich u.a. in einer (weitgehend) selbstbestimmten Gestaltung des Arbeitsablaufs, dem Zugang zu gewünschten Informationen und intensivierter (aufgabenbezogener) Kommunikation mit Kollegen und Vorgesetzten." (Bartscher, 2016)

bestätigten 59 Prozent der in der Deutschen Industrie- und Handelskammertag (DIHK)- Weiterbildungsumfrage aus dem Jahr 2011 befragten Betriebe (vgl. DIHK, 2011 zitiert nach Stahl, 2013, S. 257). Durch die betriebliche Weiterbildung soll die vorhandene Qualifikationsstruktur der Angestellten im Betrieb nach oben und demzufolge die entstehenden Personallücken in den Bereich der niedriger Qualifizierten verschoben werden. Aufgefüllt können diese so entstandenen Lücken mit Arbeitskräften welche auf dem Arbeitsmarkt zur Verfügung stehen (vgl. Stahl, 2013, S. 257 f.).

Abschließend zu Punkt 5.2.4 werden einige Gedanken der Autorin der Arbeit dazu, welche Personengruppen speziell durch Aus-, Fort- und Weiterbildungsangebote angesprochen werden sollten, dargestellt, sowie die Relevanz der Bildungsangebote für die jeweilige Gruppe erläutert.

Insgesamt sollten Aus-, Fort- und Weiterbildungsmöglichkeiten für Voll- wie auch Teilzeitbeschäftigte gleichermaßen zu Verfügung stehen. Auch macht es möglicherweise Sinn, die Zeit, welche in diese Art von Bildung investiert wird, als Arbeitszeit anzurechnen und dementsprechend zu vergüten. Denn es ist fraglich, ob und wie viele Beschäftigte bereit sind, sich in ihrer Freizeit beruflich zu bilden. Aufgrund des schnellen Wandels im medizinischen und pflegerischen Bereich ist es besonders für Berufswiedereinsteigerinnen und Berufswiedereinsteiger von großer Bedeutung berufliche Bildungsmöglichkeiten nutzen zu können. Somit kann das Fachwissen auf den aktuellen Stand der Entwicklungen gebracht werden, was mögliche Versagensängste vor dem Wiedereinstieg minimieren kann. Dies kann die Hemmschwelle, sich der Herausforderung des Wiedereinstiegs zu stellen, senken und mehr Menschen dazu ermutigen diesen Schritt zu wagen. Ebenso kann der längere Verbleib älterer Beschäftigter im Betrieb durch Angebote des lebenslangen Lernens in Form von Aus-, Fort- und Weiterbildungen positiv beeinflusst werden. Die Möglichkeit sich auf einen Fachbereich zu spezialisieren oder das eigene Fachwissen an die aktuellen Standards anzupassen, kann Sicherheit und Selbstvertrauen bei der Arbeit bringen, auch wenn die Berufsausbildung einige Jahre zurückliegt. Es ist naheliegend, dass die Berufsverweildauer der Altenpflegekräfte, egal welchen Alters, durch gezielte Bildungsangebote, erhöht werden kann. Die Chance sich weiterzuentwickeln und sich selbst kompetent zu fühlen, dürfte für viele Menschen eine Motivation zur Arbeit darstellen und kann somit möglicherweise dazu beitragen den Berufsverbleib einiger Altenpflegekräfte zu verlängern.

5.2.5 Betriebliches Gesundheitsmanagement

Neben den bereits beschriebenen Möglichkeiten, dem Fachkräftemangel in der Altenpflege zu begegnen, ist eine nicht zu vernachlässigende Maßnahme die Etablierung eines funktionierenden betrieblichen Gesundheitsmanagements (BGM) in den Pflegeeinrichtungen. Das BGM sollte sich zum einen mit dem Arbeitsschutz im Allgemeinen (wie zum Beispiel Hygiene oder Prävention von Berufskrankheiten) und zum anderen mit der Förderung gesundheitsbezogener Kompetenzen der Angestellten beschäftigen. Auch die Gestaltung der Rahmenbedingungen, um ein Arbeitsumfeld zu schaffen in welchem die Beschäftigten möglichst lange gesund bleiben, ist Aufgabe des betrieblichen Gesundheitsmanagements (vgl. Jansen, 2011, S. 92 f.).

Wenn der Leitungsebene einer Einrichtung die Gesundheit der Mitarbeiterinnen und Mitarbeiter wichtig ist, dementsprechend in das BGM investiert und dieses gewissenhaft geführt wird, stellt dies eine große Chance dar, langfristig dem Fachkräftemangel in der Altenpflege entgegenwirken zu können.

Aufgrund dessen, dass sich das BGM, neben anderen Aufgaben, der Gestaltung von Rahmenbedingungen widmet, welche die Angestellten möglich lange gesund halten sollen (vgl. Jansen, 2011, S. 92 f.), könnten mit einem funktionierenden BGM Faktoren, welche zu psychischen und physischen Belastungen der Altenpflegekräfte führen und welche teilweise Krankheiten auslösen können, verhindert, reduziert oder zu mindestens erkannt und bearbeitet werden. Diese Möglichkeit des BGM das Arbeitsumfeld zu verbessern, birgt eine große Chance im Hinblick auf die Fachkräftesicherung. Denn wie bereits unter Punkt 4.4.3 beschrieben, neigen Pflegekräfte welche mit den Arbeitsbedingungen der Einrichtung zufrieden sind, im Vergleich zu denen welche weniger zufrieden sind, weniger häufig dazu den Berufsausstieg zu erwägen (vgl. Hasselhorn u.a., 2005, S. 140).

Abschließend zu diesem Kapitel, wurden von der Autorin dieser Arbeit, weitere mögliche Maßnahmen, um den Fachkräftemangel zu entschärfen, zusammengetragen, welche nicht im Detail ausgeführt werden.

Um die Motivation der Altenpflegekräfte für die Arbeit zu steigern sowie psychische und physische Belastungen zu minimieren, sollten, wie bereits festgestellt, die Arbeits- und Rahmenbedingungen für die Pflegekräfte verbessert werden. Das Einsetzen moderner Technik, beispielsweise von Liftern zum rückenschonenderen Arbeiten, ist eine Möglichkeit körperliche Belastungen für Pflegekräfte zu reduzieren, somit die Gesundheit zu schonen und Fehlzeiten zu minimieren. Pflegeroboter, welche teilweise menschliche Arbeitskraft ersetzen können, würden ebenso zu einer Entschärfung des Fachkräftemangels beitragen. Inwieweit diese jedoch in der Lage sind die sozialen Komponenten bei der Pflegearbeit (beispielsweise Kommunikation) ausreichend zu gewährleisten, ist fraglich.

Eine bessere Entlohnung der Altenpflegekräfte, ist bereits im Rahmen des Ersten Pflegestärkungsgesetzes angedacht (vgl. Bundesministerium für Gesundheit, 2015e). Da die Zufriedenheit der Altenpflegekräfte mit der derzeitigen Entlohnung gering ist (siehe dazu Punkt 4.3.3), würden sich eine Gehaltserhöhung sowie die Anpassung der Gehälter männlicher und weiblicher Altenpflegekräfte, höchstwahrscheinlich motivierend auf die Beschäftigten der Berufsgruppe auswirken. Möglicherweise könnten somit Konsequenzen der Pflegekräfte, beispielsweise der Berufsausstieg, verhindert werden.

Zur Gewinnung von Nachwuchspflegekräften für die Pflegebranche, ist eine gezielte und vor allem zeitgemäße Werbung für den Beruf, beispielsweise in sozialen Netzwerken, denkbar. Schnuppertage in Pflegeeinrichtungen für Schülerinnen und Schüler, Stände auf Berufsmessen und Werbung im Internet sind Möglichkeiten, um die Aufmerksamkeit der Öffentlichkeit und insbesondere potenzieller Nachwuchskräfte zu gewinnen.

Insgesamt muss das Image, vor allem dahingehend aufgewertet werden, dass auch für Männer die Attraktivität des Altenpflegeberufes steigt. Beispielsweise kann die Arbeit im Rahmen von Freiwilligendiensten in Altenpflegeheimen oder anderen sozialen Einrichtungen dazu beitragen, den Berufswunsch der Freiwilligendienstleistenden in Richtung eines Pflegeberufes zu entwickeln und/oder zu festigen.

Auch die Aufhebung der Begrenzung der Ausbildungsplätze ist notwendig, damit es allen (geeigneten) Interessentinnen und Interessenten möglich ist die Ausbildung antreten zu können. Aufgrund der alarmierenden Personalsituation im Altenpflegebereich darf niemandem, lediglich aus Gründen fehlender Kapazität, der Zugang zur Ausbildung verwehrt bleiben. Um die Zahl der potentiellen Nachwuchskräfte in der Altenpflege weiter zu erhöhen, könnten die Zugangsvoraussetzungen für die Ausbildung gelockert werden, um auch geringer Qualifizierten den Zugang zu ermöglichen.

Die Personalschlüssel in Pflegeeinrichtungen zu senken wäre – rein rechnerisch – eine weitere Möglichkeit, dem Fachkräftemangel kurzfristig zu begegnen. Langfristig wäre dies wohl kontraproduktiv, da somit aufgrund der daraus resultierenden Arbeitsverdichtung unweigerlich die physischen und psychischen Belastungen der

Altenpflegekräfte steigen würden. Dies würde sich höchstwahrscheinlich, wie bereits unter Punkt 4 beschrieben, in höheren Fehlzeiten der Pflegekräfte und steigender Fluktuation in der Branche ausdrücken.

Des Weiteren ist es denkbar die Nachfrage nach professioneller Altenpflege zu dämpfen, indem beispielsweise die Laienpflege[11] attraktiver würde. Durch finanzielle Anreize von Seiten des Staates, könnten mehr Menschen dazu motiviert werden ihre Angehörigen zu Hause zu pflegen. Die somit sinkende Nachfrage nach professionellen Altenpflegerinnen und Altenpflegern, würde sich positiv auf den Fachkräftemangel auswirken. Inwiefern Personen jedoch lediglich aus finanziellem Anreiz heraus diese Pflegearbeit übernehmen würden und möglicherweise den zu Pflegenden schaden, gilt es unter anderem bei Überlegungen zu diesem Thema zu bedenken.

Zu beachten gilt es, dass die aufgezeigten Ideen und Maßnahmen dem Fachkräftemangel entgegenwirken, jedoch gleichzeitig, aus einer anderen Perspektive kritisch betrachtet werden können. Dies wird an folgendem Beispiel deutlich: Die Zugangsvoraussetzungen zur Pflegeausbildung können gesenkt werden, um Personen mit einem geringeren als derzeit geforderten Schulabschluss den Zugang zur Ausbildung in einem Pflegeberuf zu ermöglichen. Ob diese Personen allerdings in der Lage wären den Anforderungen der Ausbildung gerecht zu werden ist unklar.

Um Aussagen über die Wirksamkeit der jeweiligen Maßnahmen gegen den Fachkräftemangel treffen zu können, müssen diese dementsprechend erprobt und überprüft werden. Insgesamt wird aufgrund der Größenordnung der prognostizierten fehlenden Fachkräfte in der Altenpflege, keine Maßnahme allein dem Fachkräftemangel ausreichend begegnen können. Demnach sich alle Akteure gefordert sich einzubringen und parallel zueinander Interventionsmöglichkeiten gegen den Fachkräftemangel zu entwickeln und umzusetzen, um gemeinsam der Herausforderung des Fachkräftemangels mit einem breiten Maßnahmenkatalog entgegentreten zu können.

---

[11] Unter Laienpflege ist die Pflegearbeit durch Personen, welche keine fachliche Pflegeausbildung absolviert haben, zu verstehen (vgl. Höfert und Meißner, 2008, S. 164).

Aktueller Geschehnissen und Entwicklungen müssen bei der Erarbeitung von Strategien gegen den Fachkräftemangel berücksichtigt und umgesetzte Maßnahmen evaluiert und angepasst werden. Mit dem sich zuspitzenden Fachkräftemangel steht Deutschland vor einer großen Herausforderung, welche ein schnelles Handeln erforderlich macht.

6 Schluss

Zu Beginn der Arbeit wurde festgestellt, dass die Zahl der Pflegebedürftigen in Deutschland, unter anderem aufgrund der steigenden Lebenserwartung der Bevölkerung, zunehmen wird (vgl. Beske u.a., 2012b, S. 21). Der daraus resultierende Bedarf an Pflegekräften kann jedoch aus derzeitiger Sicht, wenn man den Prognosen zur Personalentwicklung im Pflegebereich Glauben schenkt, nicht ausreichend gedeckt werden. Laut der Angaben des Statistischen Bundesamtes werden bereits 2025 mehr als 150.000 Pflegekräfte in Krankenhäusern und der Altenpflege in Deutschland fehlen (vgl. Statistisches Bundesamt Deutschland, 2010 zitiert nach Beske, 2011, S. 33). Schon heute ist von einem Fachkräftemangel in der Altenpflegebranche auszugehen, wie das Bundesministerium für Gesundheit bestätigt (vgl. Bundesministerium für Gesundheit, 2015d). Das Hauptaugenmerk dieser Arbeit lag darauf die Ursachen des Fachkräftemangels zu ergründen. Diese stellten sich als zahlreich sowie teilweise schwer voneinander abgrenzbar dar. Häufig tragen mehrere Faktoren dazu bei, dass sich die Arbeit als so belastend darstellt, dass von den Pflegekräften Konsequenzen gezogen werden, wie beispielsweise der Berufsausstieg, welche den Fachkräftemangel begünstigen.

Die demographischen Entwicklungen Deutschlands beeinflussen neben der Zahl der Pflegebedürftigen auch die Pflegepersonalentwicklung im Pflegebereich maßgeblich. Dadurch dass es immer weniger Kinder, Jugendliche und junge Erwachsene geben wird (vgl. Lehr, 2007, S. 3), aufgrund dessen die Zahl der Schulabgängerinnen und Schulabgänger und damit verbunden, die Zahl der Bewerberinnen und Bewerber um Ausbildungsplätze rückläufig ist, werden zukünftig qualifizierte Nachwuchskräfte fehlen (vgl. Stahl, 2013, S. 247 f.). Jedoch hängt die Personalentwicklung nicht allein von dem Zuwachs der Branche durch junge Nachwuchskräfte ab. Zahlreiche weitere, den Fachkräftemangel begünstigende Faktoren, konnten bei der Betrachtung der Arbeits- und Rahmenbedingungen der Altenpflegekräfte ausfindig gemacht werden.

Die Folgen des Ökonomisierungsprozesses, beispielsweise die Zunahme an Dokumentationsaufgaben, welche sowohl zeitliche als auch personelle Ressourcen binden die im Kernprozess der Pflege fehlen, beeinflussen die Arbeit der Altenpflegekräfte maßgeblich nachteilig (vgl. Behr, 2015, S. 165 f.). Dementsprechend lassen sich die eigenen Ansprüche an die Arbeit häufig nicht umsetzten, was viele Pflegekräfte zum Nachdenken über einen Berufswechsel bewegt (vgl. Braun, Müller und Timm, 2004 zitiert nach Marrs, 2007, S. 504).

In den vergangenen Jahren haben sich die Arbeitsverdichtung sowie der Zeit- und Leistungsdruck in der Pflegearbeit immer weiter erhöht. Die berufliche Belastung in der Pflegebranche steigt stetig. Dies wird als zentrale Ursache für die Fluktuation in der Branche sowie die hohe Krankheitsrate der Pflegekräfte gesehen (vgl. Marrs, 2007, S. 504.).

Durch gründliche Recherche nach den Ursachen für den Fachkräftemangel in der Altenpflege kann zusammenfassend abgeleitet werden, dass neben den demographischen Veränderungen Deutschlands, die physischen und psychischen Belastungen der Pflegekräfte insbesondere aufgrund des Ökonomisierungsprozesses im Pflegebereich Folgen nach sich ziehen, welche Ursachen für den Fachkräftemangel darstellen. Dabei ist unter anderem die Rede von der im Durchschnitt mit 8,4 Jahren kurzen Berufsverweildauer im Pflegebereich (vgl. Hackmann, 2009, S. 19) sowie der mit 26,7 Tagen überdurchschnittlich hohen Zahl krankheitsbedingter Fehltage der Pflegekräfte (vgl. Deutsches Ärzteblatt, 2015). Des Weiteren konnte die Abwanderung von Fachpersonal in wirtschaftliche attraktivere Länder (vgl. Kröhnert, 2013, S. 94), als ursächlich für die Begünstigung des Fachkräftemangels herausgearbeitet werden.

Folglich liegt es nach der Meinung der Autorin dieser Arbeit nahe, dass es um dem Fachkräftemangel zu begegnen der Verbesserung der Arbeits- und Rahmenbedingungen für die Altenpflegekräfte bedarf, um somit die physischen und psychischen Belastungen welchen die Altenpflegekräfte häufig ausgesetzt sind zu reduzieren. Dementsprechend würde es höchstwahrscheinlich weniger häufig zu oben beschriebenen Folgen kommen und die Altenpflegearbeit insgesamt an Attraktivität gewinnen. Dies könnte sowohl zum Halten vorhandener Beschäftigter im Pflegebereich, wie auch zur Gewinnung von Nachwuchskräften beitragen.

Im Rahmen dieser Arbeit konnten einige Ursachen, den Fachkräftemangel betreffend, aufgezeigt werden. Festzustellen ist, dass es nicht ‚DIE' Ursache gibt, sondern eine Bandbreite von Bedingungen vorherrschen, welche teilweise miteinander korrelierend den Fachkräftemangel bedingen.

Folglich können die ‚Bedingungen' welche im einleitenden Zitat: „...aber unter diesen Bedingungen habe ich keine Lust mehr zu pflegen." (Jansen, 2011, S. 62) thematisiert wurden, individuell verschieden sein.

Durch die prognostizierte Zuspitzung des Fachkräftemangels steht Deutschland in Zukunft vor einer großen Herausforderung. Es bedarf geeigneter Maßnahmen welche bei den Ursachen ansetzen müssen, um somit die Entwicklung des Mangels an Fachkräften ‚an der Wurzel packen' zu können. Lediglich die ‚Behandlung der Folgen' (beispielsweise des Dopings am Arbeitsplatz) ist nach Meinung der Autorin dieser Arbeit nicht ausreichend um dem Fachkräftemangel angemessen zu begegnen.

Literaturverzeichnis

AHG - Allgemeine Hospitalgesellschaft AG (2015): Medikamentenabhängigkeit: Wenn das Heilmittel zum Suchtmittel wird. Online verfügbar unter http://www.ahg.de/AHG/Indikationen/Abhaengigkeitserkrankungen/Medikamentenabhaengigkeit/index.html, zuletzt geprüft am 03.01.2016.

AOK–die Gesundheitskasse (2015a): AOK-Gesundheitspartner - Rheinland/Hamburg - vigoPflegeService - Gesund und aktiv - Betriebliche Gesundheitsförderung - Belastungen - Körperliche Belastungen. Online verfügbar unter http://www.aok-gesundheitspartner.de/rh/vigo_pflege/gesund_und_aktiv/bgf/belastungen/index_07588.html, zuletzt geprüft am 07.01.2016.

AOK-die Gesundheitskasse (2015b): AOK-Gesundheitspartner - Rheinland/Hamburg - vigoPflegeService - Gesund und aktiv - Betriebliche Gesundheitsförderung - Krankenstand. Online verfügbar unter http://www.aok-gesundheitspartner.de/rh/vigo_pflege/gesund_und_aktiv/bgf/krankenstand/index.html, zuletzt geprüft am 10.12.2015.

Auth, D. (2012): Ökonomisierung von Pflege in Großbritannien, Schweden und Deutschland. In: Springer-Verlag (Hrsg.): Zeitschrift für Gerontologie und Geriatrie 45 (7), S. 618–623. Online verfügbar unter http://link.springer.com/article/10.1007/s00391-012-0389-0, zuletzt geprüft am 04.01.2016.

Backes, G. M. & Amrhein, L. & Wolfinger, M. (2008): Gender in der Pflege - Herausforderungen für die Politik. In: Abteilung Wirtschafts- und Sozialpolitik der Friedrich-Ebert-Stiftung (Hrsg.): WISO Diskurs. Bonn: bub Bonner Universitäts-Buchdruckerei. Online verfügbar unter http://library.fes.de/pdf-files/wiso/05587.pdf, zuletzt geprüft am 10.11.2015.

Bartscher, T. (2016): Definition: Empowerment. In: Springer Gabler Verlag (Hrsg.). Gabler Wirtschaftslexikon, Stichwort: Empowerment. Online verfügbar unter http://wirtschaftslexikon.gabler.de/Archiv/55835/empowerment-v9.html, zuletzt geprüft am 15.01.2016.

Behr, T. (2015): Aufbruch Pflege. Hintergründe - Analysen - Entwicklungsperspektiven. Wiesbaden: Springer Gabler (SpringerLink : Bücher). Online verfügbar unter http://link.springer.com/book/10.1007/978-3-658-06721-2, zuletzt geprüft am 03.01.2016.

Beske, F. (2011): In: Fritz Beske Institut für Gesundheits-System-Forschung Kiel (Hrsg.): Sechs Entwicklungslinien in Gesundheit und Pflege. Analyse und Lösungsansätze. Kiel: Schmidt & Klaunig (Schriftenreihe / Fritz-Beske-Institut für Gesundheits-System-Forschung, Kiel, 119

Beske, F. & Brix, F. & Gebel, V. & Schwarz, T. (2012a): Fritz Beske Institut für Gesundheits-System-Forschung Kiel (Hrsg.): Gesundheit und Pflege in Schleswig-Holstein. Interessenübergreifende Analyse und Perspektive. Kiel: Schmidt & Klaunig (Schriftenreihe / Fritz-Beske-Institut für Gesundheits-System-Forschung, Kiel, 122

Beske, F. & Brix, F. & Katalinic, A. & Peters, E. & Pritzkuleit, R. (2012b): In: Fritz Beske Institut für Gesundheits-System-Forschung Kiel (Hrsg.): Versorgungsprognose 2060. Leistungs- und Ausgabenentwicklung in der Gesundheitsversorgung und in der Versorgung Pflegebedürftiger. Kiel: Schmidt & Klaunig (Schriftenreihe / Fritz-Beske-Institut für Gesundheits-System-Forschung, Kiel, 123).

Bispinck, R. (2013): Entlohnung und Arbeitsbedingungen von Pflegekräften. Ergebnisse des WSI-Lohnspiegels. In: Hans Böckler Stiftung (Hrsg.): Powerpointpräsentation für WSI-Tagung: Zeit und Geld für eine fürsorgliche Praxis. Gender und Sorgearbeit im Lebensverlauf Berlin, 27.-28.9.2013. Online verfügbar unter http://www.boeckler.de/pdf/v_2013_09_26_Bispinck.pdf, zuletzt geprüft am 07.01.2016.

Bundesarbeitsgemeinschaft der Freien Wohlfahrtspflege (2015): Gemeinsame
Positionierung der Bundesarbeitsgemeinschaft der Freien Wohlfahrtspflege zur Fachkräftegewinnung. Online verfügbar unter
http://www.bagfw.de/uploads/media/Gemeinsame_Positionie-
rung_zur_Fachkraeftegewinnung_final.pdf, zuletzt geprüft am 22.12.2015.
Bundesministerium für Arbeit und Soziales (2014): Fortschrittsbericht
2014 zum Fachkräftekonzept der Bundesregierung. Online verfügbar unter http://www.bmas.de/SharedDocs/Downloads/DE/PDF-Publikatio-
nen/fortschrittsbericht-fachkraefte-fuer-2014.pdf;jsessio-
nid=769A41E0AE5D5D6A012F47959EC62035?__blob=publication-
File&v=2, zuletzt geprüft am 22.12.2015.

Bundesministerium für Familie, Senioren, Frauen und Jugend (2015): Weiterentwicklung der Pflegeberufe. Online verfügbar unter
http://www.bmfsfj.de/BMFSFJ/aeltere-menschen,did=194274.html, zuletzt aktualisiert am 19.11.2015, zuletzt geprüft am 19.11.2015.

Bundesministerium für Gesundheit (2015a): Bundestag beschließt das Zweite
Pflegestärkungsgesetz. BMG. Online verfügbar unter
http://www.bmg.bund.de/ministerium/meldungen/2015/psg-ii-bt-ver-
abschiedung.html, zuletzt aktualisiert am 22.11.2015, zuletzt geprüft am
22.11.2015.

Bundesministerium für Gesundheit (2015b): Entbürokratisierung in der Pflege.
"Effizienzsteigerung der Pflegedokumentation in der ambulanten und stationären Langzeitpflege". BMG. Online verfügbar unter
http://www.bmg.bund.de/themen/pflege/entbuerokratisierung-in-der-
pflege.html, zuletzt geprüft am 27.12.2015.

Bundesministerium für Gesundheit (2015c): Gröhe: Mehr Hilfe für Pflegebedürftige und ihre Angehörigen. Bundeskabinett verabschiedet Entwurf
des Pflegestärkungsgesetzes II. BMG (Pressemittteilung, 2015 - 3). Online
verfügbar unter http://www.bmg.bund.de/presse/pressemitteilun-
gen/pressemitteilungen-2015-3/pflegestaerkungsgesetz-ii.html, zuletzt
aktualisiert am 22.11.2015, zuletzt geprüft am 22.11.2015.

Bundesministerium für Gesundheit (2015d): Pflegefachkräftemangel. BMG. Online verfügbar unter http://www.bmg.bund.de/themen/pflege/pflege-
kraefte/pflegefachkraeftemangel.html, zuletzt geprüft am 03.01.2016.

Bundesministerium für Gesundheit (2015e): Pflegestärkungsgesetz I. BMG. Online verfügbar unter http://www.bmg.bund.de/themen/pflege/pflegestaerkungsgesetze/pflegestaerkungsgesetz-i.html, zuletzt geprüft am 28.12.2015.

DAK-Gesundheit (2015): DAK-Gesundheitsreport 2015. Update: Doping am Arbeitsplatz (2015). Online verfügbar unter http://www.dak.de/dak/gesundheit/DAK-Gesundheitsreport_2015-1587898.html, zuletzt geprüft am 04.01.2016.

Deutscher Bundesverband für Pflegeberufe e.V. (2011): Position des DBfK zur Fachkraftquote in der stationären Altenhilfe. Online verfügbar unter http://www.dbfk.de/media/docs/download/DBfK-Positionen/Position-Fachkraftquote-Altenpflege-2011-03-03.pdf, zuletzt geprüft am 14.01.2016.

Deutscher Berufsverband für Pflegeberufe e.V. (2014): Positionierung des DBfK zur Fachkraftquote in stationären Einrichtungen. Online verfügbar unter http://www.dbfk.de/media/docs/download/DBfK-Positionen/Position-Fachkraftquote-2014-11-26.pdf, zuletzt geprüft am 08.01.2016.

Deutsches Ärzteblatt (2015): Berufsbedingte Unterschiede bei Fehlzeiten. Deutscher Ärzte-Verlag GmbH (Hrsg.). Online verfügbar unter http://www.aerzteblatt.de/nachrichten/62357/Berufsbedingte-Unterschiede-bei-Fehlzeiten, zuletzt geprüft am 10.12.2015.

GKV-Spitzenverband (2014): Bewertungssystematik Pflegeheime - GKV-Pflegenoten. Online verfügbar unter http://www.pflegenoten.de/bewertungssystematik/pflegeheime/bewertungssystematik_pflegeheime.jsp, zuletzt geprüft am 05.01.2016.

Grimm, N. (2010): Hochschule für Angewandte Wissenschaften Hamburg. Fakultät Wirtschaft und Soziales. Departement Pflege und Management (Hrsg.): Pflegedokumentation aus Sicht der Pflegekräfte. Eine qualitative Studie. Online verfügbar unter http://edoc.sub.uni-hamburg.de/haw/volltexte/2010/1113/pdf/WS.Pf.BA.10.1237.pdf, zuletzt geprüft am 30.11.2015.

Güntert, B. J. & Thiele, G. (2008): Gibt es eine Unterfinanzierung in der Pflege? In: Bauer, U. & Büscher, A. (Hrsg.; 2008): Soziale Ungleichheit und Pflege. Wiesbaden: VS Verlag für Sozialwissenschaften. S. 154-179

Hackmann, T. (2009): Arbeitsmarkt Pflege: Bestimmung der künftigen Altenpflegekräfte unter Berücksichtigung der Berufsverweildauer. In: Albert-Ludwig-Universität Freiburg - Forschungszentrum Generationenverträge (Hrsg.; 2009): Diskussionsbeiträge (Ausgabe: 40, 2009): Online verfügbar unter http://www.fiwi1.uni-freiburg.de/publikationen/242.pdf, zuletzt geprüft am 29.12.2015.

Hasselhorn, H.-M. & Tackenberg, P. & Büscher, A. & Stelzig, S. & Kümmerling, A. & Müller, B. H. (2005): Wunsch nach Berufsausstieg bei Pflegepersonal in Deutschland. In: Bundesanstalt für Arbeitsschutz und Arbeitsmedizin (Hrsg.; 2005). Berufsausstieg bei Pflegepersonal. Arbeitsbedingungen und beabsichtigter Berufsausstieg bei Pflegepersonal in Deutschland und Europa. Ü15 - Schriftenreihe der Bundesanstalt für Arbeitsschutz und Arbeitsmedizin (BAuA). Dortmund/Berlin/Dresden: Wirtschaftsverlag NW - Verlag für neue Wissenschaft GmbH. S. 135-146. Online verfügbar unter http://www.baua.de/cae/servlet/contentblob/699560/publicationFile/, zuletzt geprüft am 03.01.2016.

Höfert R. & Meißner T. (Hrsg.; 2008): Von Fall zu Fall – Ambulante Pflege im Recht. Rechtsfragen in der ambulanten Pflege von A-Z. Heidelberg: Springer Medizin Verlag. Online verfügbar unter http://download.springer.com/static/pdf/532/bok%253A978-3-540-75599-9.pdf?originUrl=http%3A%2F%2Flink.springer.com%2Fbook%2F10.1007%2F978-3-540-75599-9&token2=exp=1452350287~acl=%2Fstatic%2Fpdf%2F532%2Fbok%25253A978-3-540-75599-9.pdf%3ForiginUrl%3Dhttp%253A%252F%252Flink.springer.com%252Fbook%252F10.1007%252F978-3-540-75599-9*~hmac=306385e4ce7eec241fb80063584ce0408a554b193d590164998717393389f732, zuletzt geprüft am 09.01.2016.

Jansen, M. (2011): Krank arbeiten statt gesund pflegen. Präsentismus im Krankenhaus. 1. Aufl. Bern: Huber (Krankenhausmanagement).

Kochskämper, S. & Pimpertz, J. (2015): Herausforderungen an die Pflegeinfrastruktur. In: Institut der deutschen Wirtschaft Köln (Hrsg.): IW-Trends (Ausgabe: 3, 2015). Online verfügbar unter http://www.iwkoeln.de/studien/iw-trends/beitrag/susanna-kochskaemper-jochen-pimpertz-herausforderungen-an-die-pflegeinfrastruktur-241740, zuletzt geprüft am 07.01.2016.

Kröhnert, S. (2013): Demographische Entwicklung in Deutschland: Grundtendenzen und regionale Besonderheiten. In: Hinte, H. & Zimmermann, K. F. (Hrsg.; 2013): Zeitenwende auf dem Arbeitsmarkt. Wie der demografische Wandel die Erwerbsgesellschaft verändert. Bonn: IZA (Schriftenreihe / Bundeszentrale für Politische Bildung, 1292). S. 93-95

Lautenbach, A. (2005): Die Europäische NEXT-Studie zum vorzeitigen Ausstieg aus dem Pflegeberuf. In: Lautenbach A. & Stettler H. (Hrsg; 2015): Pflegewissenschaft. hpsmedia-Verlag. Online verfügbar unter http://www.pflege-wissenschaft.info/pflegewissenschaft/2005/juli-august/850-HJTEFMLGUBNVSXKYCRZWPD, zuletzt geprüft am 28.12.2015.

Lehr, U. (2007): Alterung der Bevölkerung. In: Berlininstitut für Bevölkerung und Entwicklung (Hrsg.): Demographische Analysen Konzepte Strategien. Online verfügbar unter http://www.berlin-institut.org/fileadmin/user_upload/handbuch_texte/pdf_Lehr_Alterung_aktualisiert_2013.pdf, (zuletzt 2013 von Mitarbeitern des Berlininstitutes aktualisiert), zuletzt geprüft am 07.01.2016.

Marrs, K. (2007): Ökonomisierung gelungen, Pflegekräfte wohlauf? In: Hans Böckler Stiftung (Hrsg.): WSI Mitteilungen (9). S. 502-507. Online verfügbar unter http://www.boeckler.de/wsimit_2007_09_marrs.pdf, zuletzt geprüft am 04.01.2016.

Osten, D. v. (2015): Flüchtlinge als Fachkräfte: "Ein Spaziergang wird's nicht!". In: tagesschau.de. Online verfügbar unter https://www.tagesschau.de/inland/fluechtlinge-arbeitsmarkt-105.html, zuletzt aktualisiert am 20.09.2015, zuletzt geprüft am 12.01.2016.

Ott, C. (2014): Generalistische Ausbildung – eine Zukunftsperspektive für die Pflegeberufe?. In: Der Deutsche Berufsverband für Pflegeberufe e.V. (DBfK) (Hrsg.; 2014): Generalistische Ausbildung in der Pflege. Berlin. Online verfügbar unter http://www.dbfk.de/media/docs/download/Allgemein/Generalistische-Ausbildung-in-der-Pflege_2014.pdf. zuletzt geprüft am 19.11.2015.

Prognos AG (2012): Studie. Pflegelandschaft 2030. Im Auftrag: Vereinigung deutscher Wirtschaft e.V. (Hrsg.). Online verfügbar unter http://www.prognos.com/fileadmin/pdf/publikationsdatenbank/121000_Prognos_vbw_Pflegelandschaft_2030.pdf, zuletzt geprüft am 16.11.2015.

Sander, K. (2009): Profession und Geschlecht im Krankenhaus. Soziale Praxis der Zusammenarbeit von Pflege und Medizin. Konstanz: UVK-Verlagsgesellschaft.

Schweiger, P. (2011): "Wir haben zwar Geduld, aber keine Zeit". Eine Ethnografie subjektivierter Arbeitsstile in der ökonomisierten Altenpflege. München: Utz (Münchner ethnographische Schriften, 9).

Sozialgesetzbuch Elftes Buch. Soziale Pflegeversicherung (2014): In: SGB Sozialgesetzbuch. 43. Aufl. München: Deutscher Taschenbuchverlag, S. 1444-1564

Stahl, M. (2013): Fachkräftemangel: Welche Antworten finden die Unternehmen?. Fachkräftemangel in der Unternehmensperspektive. In: Hinte, H. (Hrsg.; 2013): Zeitenwende auf dem Arbeitsmarkt. Wie der demografische Wandel die Erwerbsgesellschaft verändert. Bonn: Schriftenreihe / Bundeszentrale für Politische Bildung, 1292. S. 246-263

Statista (2016a): Beschäftigte in der Altenpflege zur Zufriedenheit mit ihrer Arbeit. Umfrage. Online verfügbar unter http://de.statista.com/statistik/daten/studie/37541/umfrage/beschaeftigte-in-der-altenpflege-zur-zufriedenheit-mit-ihrer-arbeit/, zuletzt geprüft am 03.01.2016.

Statista (2016b): Prognose zur Anzahl von Pflegebedürftigen in Deutschland bis 2030. Statistik. Online verfügbar unter http://de.statista.com/statistik/daten/studie/157217/umfrage/prognose-zur-anzahl-der-pflegebeduerftigen-in-deutschland-bis-2030/, zuletzt geprüft am 03.01.2016.

Statistisches Landesamt Sachsen-Anhalt (2015): Strukturkompass. Pflegequote. Online verfügbar unter http://www.stala.sachsen-an-
halt.de/apps/StrukturKompass/indikator/zeitreihe/24, zuletzt geprüft
am 09.01.2016.

Stopp, U. (2006): Betriebliche Personalwirtschaft. Zeitgemäße Personalwirtschaft - Notwendigkeit für jedes Unternehmen. 27. Aufl. Renningen: ex-
pert-Verlag (Die Betriebswirtschaft: Studium und Praxis, 5).

Stüwe, H. (2013): Fritz Beske: Mahnungen zum Abschied. In: Deutsches Ärzteblatt (Hrsg.; 2013). Deutscher Ärzte-Verlag GmbH. Online verfügbar unter
http://www.aerzteblatt.de/archiv/133913/Fritz-Beske-Mahnungen-zum-
Abschied, zuletzt geprüft am 11.01.2016.

Tewes, R. (2014): Zukunft der Personalentwicklung in der Pflege. In: Tewes, R.
& Stockinger, A. (Hrsg.; 2014): Personalentwicklung in Pflege- und Ge-
sundheitseinrichtungen. Erfolgreiche Konzepte und Praxisbeispiele aus
dem In- und Ausland. Berlin: Springer, S. 215–240

Theobald, H. & Szebehely, M. & Preuß, M. (2013): In: Hans-Böckler-Stiftung
(Hrsg.; 2013): Arbeitsbedingungen in der Altenpflege. Die Kontinuität der
Berufsverläufe - ein deutsch-schwedischer Vergleich. Berlin: edition sigma
(Forschung aus der Hans-Böckler-Stiftung, 155).

Wipp, M. (2016): Definition Pflegeschlüssel. Online verfügbar unter
http://www.michael-wipp.de/kennzahlen/definitionpflege.html, zuletzt
aktualisiert am 09.06.2015, zuletzt geprüft am 09.01.2016.